Tabita Dietrich

VERURTEILT!

*Wie ich mit 23 Jahren
unschuldig in der Hölle landete
und mich wieder befreite*

Giger Verlag

1. Auflage 2017
© Giger Verlag GmbH, CH-8852 Altendorf
Telefon 0041 55 442 68 48
www.gigerverlag.ch
Lektorat: Monika Rohde
Umschlaggestaltung:
Hauptmann & Kompanie Werbeagentur, Zürich
Umschlagfoto: Joerg Kressig
Layout und Satz: Roland Poferl Print-Design, Köln
Druck und Bindung: GGP Media GmbH, Pößneck
Printed in Germany

ISBN 978-3-906872-26-1

Inhaltsverzeichnis

Vorwort

Ich verstehe unter dem Begriff Gott nicht ein männliches Wesen, das im Himmel sitzt, auf uns herunterblickt und entscheidet, welche unserer Begehren erfüllt werden und welche nicht. Ich sehe Gott als das Leben selbst und als jenen Teil in uns, der weiß, wer wir in unserem wahren Kern wirklich sind. Der Teil, der uns auf dem Weg des Lebens dabei hilft, diese Wahrheit zu erkennen und in der physisch-materiellen Form zum Ausdruck zu bringen, indem wir immer genau die Lektionen und Erfahrungen vor die Nase gesetzt bekommen, die uns dabei helfen, dieser Essenz etwas näher zu kommen und etwas mehr davon in unserem Leben zum Ausdruck zu bringen. Erst wenn wir unser Wissen im täglichen Leben anwenden, wird es sich in Weisheit transformieren.

Dieser göttliche Teil in mir hat mich auf dem Weg des Lebens stetig dazu angetrieben, jegliche Fesseln auf jede nur erdenkliche Weise zu sprengen, um auf jeder Ebene frei und selbstbestimmt zu leben. Um diese Absicht zu manifestieren, musste ich zuerst alle Formen der Gefangenschaft, Fesseln und Unfreiheit am eigenen Leib erfahren, fühlen und mich daraus befreien, um den Unterschied von Freiheit und Gefangenschaft in der Tiefe meiner Seele zu verstehen und in jeder meiner Zellen zu fühlen.

Es scheint eine Ironie des Schicksals zu sein, dass ich erst dann wirkliche Freiheit erfahren habe, als mir meine physische Freiheit genommen und ich in der Karibik zu drei Jahren Haft verurteilt wurde. Menschen in der freien Welt sind meist mehr gefangen als die, die sich im Gefängnis befinden. Ich war eine dieser Menschen und habe bis zu meiner Verurteilung nicht gesehen, wie sehr ich mich in mentalen, emotionalen und spirituellen Fesseln gefangen gehalten habe. Dieses Buch spricht von den Fesseln, die ich während dieser zwei Jahre sprengen durfte, um wahrhaftig innere Freiheit zu erfahren. Ich lade dich ein, diese Reise mit mir zu teilen, und hoffe, dass dieses Buch dir dabei helfen wird, deine eigene Freiheit zu verwirklichen. Möge Freiheit unser einziges Ziel sein, das uns ein Leben lang antreibt und unseren Kindern und Kindeskindern jenes Leben ermöglicht, das unser Geburtsrecht ist, zu dem wir geboren wurden.

In Herzensliebe Tabita

Wie alles begann

Ich schickte gerade die letzte Nachricht an meinen Freund, der mich freudig zu Hause erwartete, und teilte ihm mit, dass ich mich am Flughafen in Tobago befinde und meinen Anschlussflug nach London erwischen werde. Ich versprach ihm, mich am nächsten Tag zu melden, sobald ich in London gelandet wäre. Damals ahnte ich nicht, dass sich mein Leben in den kommenden Minuten von Grund auf verändern würde. Ich erinnere mich noch an das Mädchen mit den Goldlöckchen, das mich neugierig in meinem langen Kleid betrachtete, bevor mich ein Polizist in Zivilkleidung aufforderte, meine Tasche zu öffnen und zur Kontrolle freizugeben. Nachdem er und seine weibliche Kollegin mein Handgepäck durchsucht hatten, verlagerten sie die Kontrolle meines Reisegepäcks in einen Nebenraum. Sie nahmen den gesamten Inhalt aus der Tasche und durchsuchten auch die Laptop-Tasche, die ich für meine Schreibarbeit während einer Shoppingtour mit einem Kollegen gekauft hatte. Ich stand daneben und schaute ihnen bei ihrer Arbeit zu.

Als ich sie die Laptop-Tasche aufschneiden sah, durchfuhr mich ein gewaltiger Energiestoß und ich wusste schlagartig, dass sich eine dramatische Wende vollziehen würde. Im gleichen Augenblick rieselte weißes Pulver aus der aufgeschnittenen Zwischenwand. Mittlerweile schwebte ich bereits außerhalb meines Körpers und nahm den Rest des Szenarios fernab wie in einem bösen Traum wahr. Ich beobachtete die Geschehnisse von außen und hörte, wie mich der Polizist wegen gefährlichen Drogenbesitzes festnahm. Gleich darauf wurde ich in ein bereitstehendes Auto verfrachtet. Als ich im Auto saß, dämmerte mir allmählich, dass ich wahrscheinlich so schnell nicht mehr nach Hause zurückkehren werde und jemanden organisieren müsste, der meine Hündin am kommenden Tag beim Hundesitter abholt. Ich schickte meiner Hundesitterin eine schnelle Nachricht und teilte ihr mit, dass ich meine Hündin nicht abholen könne und deshalb jemanden schicken werde.

Nach einer kurzen Fahrt erreichten wir die Polizeistation nahe dem Flughafen Crown Point. Ich wurde in ein kleines Büro geführt, wo das Verhör begann. Ich schilderte meine Geschichte und erklärte dem Polizisten, dass ich nicht wusste, dass sich Drogen in der Tasche befanden. Ich könne es mir nicht anders erklären, als dass die Tasche am Abend zuvor ausgetauscht wurde, als wir alle gemeinsam feiern waren und einer meiner Kollegen mich zurück ins Hotel brachte. Ich hatte etwas zu viel getrunken und erinnerte mich nur noch daran, dass ich gleich weggedöst bin, als wir im Hotelzimmer angekommen waren. Als der Polizist die drei Pakete mit dem weißen Pulver gewogen hatte und ich das Gesamtgewicht auf der Waage sah, ergriff mich eisige Kälte. Ich begriff sofort den Ernst der Lage. Circa drei Kilogramm Kokain waren in der Laptop-Tasche eingenäht gewesen.

Der Kollege, der mich eigentlich auf diesem Flug begleiten wollte, ihn jedoch kurz zuvor absagte, hatte sich einen wunderbaren Plan ausgedacht und mich als Schmugglerin benutzt, in der Absicht, an die Ware zu kommen, sobald ich in die Schweiz zurückkehren würde. Während meiner Schilderung gelang es mir nicht, meine Fassung wiederzuerlangen. Der Polizist versuchte mich zu beruhigen und erklärte mir, dass es vielen jungen Frauen so ergangen wäre wie mir und dass es sein einziges Ziel wäre, die Männer und damit auch die ganze Organisation zu schnappen, die dahinter steht.

Ich konnte jedoch an nichts anderes mehr denken als daran, dass mein Leben, wie ich es bis dahin kannte, vorbei sein würde. Wie sollte ich das bloß überleben? Ich fragte ihn, ob ich nach draußen gehen könne, um eine Zigarette zu rauchen, da ich nicht mehr in der Lage war, dem Verhör zu folgen. Ich hörte ihn zwar sprechen, konnte jedoch seine Worte nicht verstehen, sie kamen nicht bei mir an. Er sagte mir immer wieder, dass er schreckliches Mitleid mit mir hätte und ich sein Herz berühren würde. Vielleicht war das der Grund, warum er mich nach draußen gehen ließ, um eine Zigarette zu rauchen und dabei seinen Job riskierte. Das Rauchen auf allen öffentlichen Plätzen und Dienststellen ist in der Republik Trinidad und Tobago (TT) streng verboten.

Als ich versteckt zwischen zwei Autos etwa die Hälfte meiner Zigarette geraucht hatte, verließ mich das letzte bisschen Kraft in meinen Beinen und ich sackte zusammen. Ich konnte meine Tränen nicht mehr zurückhalten. Alle Kraft verließ mich. Zurück im Büro bekam ich meinen Anruf und rief zuerst meine Mutter an, die aber nicht antwortete, und dann meinen Freund in der Schweiz, um ihm mitzuteilen, was passiert war. Ich bat ihn darum, meine Hündin beim Hundesitter abzuholen und für sie da zu sein, so lange, bis ich wieder zurückkehre. Der Anruf dauerte nicht mehr als zwei Minuten.

Der erniedrigendste Teil stand mir bevor, als alle männlichen Polizisten den Raum verließen und die weibliche Polizistin mich aufforderte, mich nackt auszuziehen. Während ich mich bückte und hustete, suchte sie nach Drogen in meinem Vaginal- und Analbereich. Sie bestand vehement darauf, dass ich Drogenpakete geschluckt haben könnte und sie sicher gehen wolle, dass ich nicht über Nacht sterben würde, weil eins der Pakete in meinem Körper platzen würde.

Als die männlichen Polizisten wieder hereingebeten wurden, nahmen sie eine Urinprobe, um damit zu bestätigen, dass sich keine Drogen in meinem Körper befanden. Der Test bestätigte meine Aussage, doch sie glaubten mir immer noch nicht. Daraufhin beschlossen sie, mich ins Krankenhaus zu fahren, um mich einem Röntgentest zu unterziehen. Ich wurde zurück in den Jeep verfrachtet und mit Blaulicht ins Krankenhaus gefahren. Mir wurde Blut und Urin abgenommen. Dann steckten sie mich in ein durchsichtiges Gewand und nahmen den Röntgentest vor. Als die Tests zurückkamen, wurde ihnen meine Aussage von dem untersuchenden Arzt abermals bestätigt und sie wussten mit Sicherheit, dass ich keine Drogenpakete geschluckt hatte.

Zurück auf der Polizeistation wurde ich in eine der beiden Haftzellen gesperrt. Als ich die Zelle betrat, verschlug es mir komplett den Atem wegen des Gestanks, der mir in die Nase stieg. Am Boden waren Urin-, Kot- und Kotzreste. Es befand sich eine Toilette in einem Betonsockel in einer Ecke, die von Überresten an Kot und Toilettenpapier nur so überquoll. Sie ließ sich in der Zelle nicht spülen. Ich musste eine Polizistin rufen, die weitaus Besseres zu tun hatte, als auf der anderen Seite der Wand die Spülung zu betätigen. Die zerfetzte Matratze am Boden war der einzige Platz, auf den ich mich setzen konnte. Ich breitete meine Jacke aus und gab mich erneut meinen Tränen hin. Wie konnte so etwas nur geschehen? Immer wieder ging ich in meinem Kopf das Szenario durch und fragte mich, was ich hätte anders machen können. Wie konnte ich bloß so naiv sein und mich zu einer Reise überreden lassen, von der mir meine innere Stimme immer wieder abgeraten hatte. Die Zeichen waren alle da und hatten mich davor gewarnt, diese Reise anzutreten, doch meine Ignoranz hatte gesiegt. Schließlich hatte ich seit drei Jahren keine Ferien mehr gemacht, da konnte ich mir eine kleine Reise wohl erlauben, dachte ich.

Ich sah, wie mein ganzes Leben wie ein Kartenhaus vor meinen Augen zusammenfiel und ich konnte nichts dagegen unternehmen. All die schönen Praktiken und Techniken, die ich meine Klienten all die Jahre gelehrt hatte, fanden in meiner Situation keinen Anklang. Die nackte Angst hielt mich fest im Würgegriff. Ein riesiges schwarzes Loch tat sich auf und schluckte mich buchstäblich mit Haut und Seele. Ein Leben ohne Angst ist leicht, wenn man nicht gerade wegen Schmuggel und gefährlichen Besitzes von Kokain verhaftet wurde. Wo war Gott in dieser Sache? Ich habe den Menschen auf bestmögliche Weise geholfen. Womit hatte ich das verdient? Was war der Sinn dahinter? Warum sollte mein ganzes Leben zusammenbrechen? Werde ich je wieder aus dem Gefängnis entlassen?

Alle diese Fragen und Gedanken machten sich in mir breit. Fragen über Fragen, auf die ich keine Antwort wusste. Ich erinnerte mich an ein Buch, das mir meine Mutter vor Jahren gegeben hatte. Es handelte von einer Frau, der das Gleiche widerfahren war wie mir, jedoch in Thailand. Gegen sie wurde die Todesstrafe ausgesprochen und ihre Mutter konnte sie in letzter Sekunde befreien, weil sie den Präsidenten um Gnade angefleht hatte. Was, wenn mir das Gleiche passieren würde? Erneut ergriff mich die nackte Panik. Ich flehte Gott auf Knien an, mir beizustehen und mir eine Chance zu geben, lebend aus dieser Sache herauszukommen und mir die Kraft zu geben, alles durchzustehen.

Ich erkannte mich selbst nicht wieder. Ich sprach stets davon, dass wir frei wären, unser Leben so zu erschaffen, wie wir es uns wünschten. Womit hatte ich das erschaffen? Wie habe ich diese Erfahrung in mein Leben gezogen? Ich erkannte dieses Häufchen Elend nicht mehr, das hilflos und geschlagen am Boden kauerte. Das war nicht die Frau, die ich gewohnt war zu sein. Nichts, aber auch gar nichts konnte mich von der Angst, der Hoffnungslosigkeit und Verzweiflung befreien.

Ich wurde an einem Freitag verhaftet und an einem Montag vor Gericht gebracht. Ich bekam über das Wochenende einen Anruf vom schweizerischen Konsulat in Caracas, Venezuela. Er konnte mir nur noch sagen, dass ich auf keinen Fall plädieren sollte, solange ich keinen Anwalt hätte, bevor das Telefonat abrupt von einem wütenden Polizisten beendet wurde. Ihm gefiel es ganz und gar nicht, dass wir nicht englisch sprachen, und somit verweigerte er mir mein Recht, mit dem Konsulat zu sprechen. Als ich dann am Montag ins Gericht gebracht wurde, war die Anwältin, die meine Familie laut Aussage des Polizisten organisiert hatte, nicht anwesend. Ich ließ die Richterin wissen, dass ich ohne eine Übersetzerin und ohne eine Anwältin nicht plädieren könne, da ich sichergehen wolle, dass meine Rechte gewahrt würden. Sie vertagte die Verhandlung auf den kommenden Mittwoch. Als ich am Mittwoch erneut vor Gericht stand, war eine Übersetzerin zugegen, doch eine Anwältin war weit und breit nicht zu sehen. Ich plädierte ein weiteres Mal nicht und die Richterin wurde langsam ungeduldig. Sie vertagte die Verhandlung auf einen Monat später und schickte mich ins Frauengefängnis in Trinidad.

Die Reise über das Meer nach Trinidad war lang und mühselig. Mit Handschellen wie eine Schwerverbrecherin vor allen Leuten über die Reeling zu laufen, war eine zutiefst demütigende Erfahrung, die ich keinem Menschen wünsche. In den 28 Tagen im Frauengefängnis hatte ich Zeit, genügend Informationen zu sammeln, um zu erfahren, dass ich wahrscheinlich am schnellsten aus dieser Sache herauskommen könnte, wenn ich auf schuldig plädieren und meine Strafzeit akzeptieren würde. Ich erfuhr, dass, wenn ich nicht auf schuldig plädierte, die Drogen zur Beweisaufnahme in ein Labor geschickt würden. Bis diese Beweisaufnahme dann abgeschlossen wäre, könnten ein bis zwei Jahre vergehen, in denen ich alle 28 Tage eine anstrengende dreitägige Reise zurück nach Tobago auf mich nehmen müsste, während der ich auf harten Steinböden schlafen und stundenlang in Zellen für den Weitertransport warten müsste, nur um ein weiteres Mal vor Gericht zu erscheinen und gesagt zu bekommen, dass der Fall vertagt werden würde. Ich wäre im System verloren. Niemand würde sich mehr um mich kümmern.

Ich erfuhr außerdem, dass bei einem Drogendelikt normalerweise neben einer Verurteilung eine Buße verhängt würde, die nach Bezahlung meist zur Freilassung führte. Das weckte meine Hoffnungen. Darauf setzte ich, denn ich wollte auf keinen Fall auch nur einen Tag länger in dieser Hölle bleiben. Der Glaube daran, diese Buße zu erhalten, erhöhte sich, als ich in meiner Zeit in Arouca vor der Verurteilung miterlebte, wie eine Amerikanerin, die die gleiche Geschichte erlebt hatte wie ich und auch auf schuldig plädierte, mit einer Strafe von fünf Jahren und einer Geldbuße von 25 000 TTD belangt wurde. Das sind umgerechnet etwa 2 500 US Dollar. Ihre Familie bezahlte die Buße und sie konnte nach Hause zurückkehren, ohne die nächsten fünf Jahre, von denen sie drei Jahre und vier Monate hätte absitzen müssen, im Frauengefängnis von Arouca zu verbringen. Ich freute mich so sehr für sie und war in diesem Augenblick felsenfest davon überzeugt, dass ich ebenfalls eine Buße erhalten und nach Hause zurückkehren würde.

Als ich am 38. Tag nach meiner Verhaftung wieder vor Gericht stand, hatte ich 38 Tage gefastet und gebetet, um eine Buße zu erhalten und zurück nach Hause zu können. Meine Mutter und mein Freund reisten aus der Schweiz an, um das nötige Geld zu bezahlen und mich mit nach Hause zu nehmen. Doch es kam alles ganz anders als erhofft. Ich wurde am 21. 8. 2013 zu drei Jahren Haft mit »Hard Labour« ohne Buße verurteilt. Meine Mutter und mein Freund brachen weinend zusammen, während ich noch gar nicht richtig fassen konnte, was dieses Urteil wirklich zu bedeuten hatte. Die Beamten wollten mich gleich aus dem Gerichtssaal entfernen, als meine Mutter und mein Freund zu mir rannten. Ich sagte zu meiner Mutter: »Ich weiß nicht, ob ich das überleben werde.« Woraufhin sie erwiderte: »Du musst!« Dann rissen sie uns auseinander und meine lange und einsame Reise in einem fremden Land fernab von allem mir Bekannten begann.

Nach der Verurteilung

Meine Mutter und mein Freund kamen mich nach der Verhaftung besuchen und meine Mutter wollte gleich den Gefängnisdirektor sprechen. Als ich dann in den Besucherraum geführt wurde, waren meine Mutter, mein Freund und der Gefängnisvorsteher zugegen. Ich wusste damals nicht, dass meine Mutter ihm erzählt hatte, dass ich male und zeichne. Doch anscheinend redete sie stark auf ihn ein und hinterließ einen so bleibenden Eindruck, dass ich die weiteren Monate einen Aufpasser hatte. Von meinem Freund wusste ich, dass er auf mich warten würde, das hatte er mir versprochen. Als wir uns in diesem Raum in die Augen blickten, blieb die Welt um uns stehen; ich wusste in dem Moment und weiß es auch jetzt noch genau, als ob es gestern gewesen wäre, dass dies nicht das Ende unserer gemeinsamen Reise gewesen sein würde. Das war das letzte Mal, dass ich meine Mutter für die nächsten zwei Jahre gesehen habe. Sie musste zurückfliegen in die Schweiz und konnte nicht, wie mein Freund, noch eine Woche länger bleiben.

Meine Mutter redete auf die Mitarbeiter und die Gefängnisleitung ein, sodass meinem Freund ein zweiter

Besuch gewährt wurde, bevor er zurückfliegen musste. Er kam mich nach der Abreise meiner Mutter sogar noch zwei weitere Male besuchen und kaufte den halben Gefängnisladen auf, um mir wenigstens Snacks und das Nötigste dazulassen, wenn er mich schon nicht nach Hause mitnehmen konnte. Am letzten Tag vor seiner Abreise, nachdem er mich besuchen kam, erhielt ich seinen ersten Brief. Das war der erste Brief von vielen und jener, der mich während der nächsten zwei Jahre über Wasser gehalten hat. Als wir uns hinter der Glasscheibe zum letzten Mal sahen und uns verabschiedeten, brach ich innerlich zusammen. Ich holte den Stift und das Heft hervor, das er mir gekauft hatte, und fing gleich, als ich wieder in meine Zelle kam, mit dem Schreiben eines Tagebuchs für ihn an.

Die darauffolgenden Wochen waren noch düsterer als alles andere zuvor. Ich war der wandelnde Tod. Ich wusste die erste Zeit weder wer ich war, noch wie ich diese Zeit überstehen sollte. Jeder Tag, den ich abermals hinter Gittern aufwachte, bestärkte mein Gefühl nur noch mehr, sterben und nie wieder aufwachen zu wollen. Das schwarze Loch, das sich bereits seit meiner Verhaftung unter meinen Füßen aufgetan hatte, wurde nur noch größer und zog mich tiefer in seine Materie hinein. Ich hatte weder eine Identität noch den Willen, weiterzumachen. Ich befand mich in einem leeren, schwarzen Loch des endlosen Nichts.

Damals wusste ich nicht, dass diese vollkommene Selbstaufgabe der Beginn war, meine wahre Essenz erst wirklich in ihrer ganzen Tiefe zu erfahren. Dieses neue Erwachen breitete sich in mir eines Tages im Gottesdienst aus, nachdem ich monatelang ohne jegliches Gefühl für mich herumirrte. An diesem besagten Tag allerdings drang neues Leben in mich. Ich gab mich, mein selbstsüchtiges Ich, auf und mich demütig einer Kraft hin, die so viel größer war, als ich es jemals erahnen konnte. Ich spürte auf einmal, dass ich nicht mehr allein war und dass neues Leben in mich eingehaucht wurde. Ein Leben, das mir eine Kraft verlieh, von der ich getragen wurde und die mich wissen ließ, dass ich nicht vergessen und nicht verlassen wurde. An diesem Tag änderte sich etwas in mir und ich entschied mich dazu, weiterzuleben. Ich hatte die erste Todesphase durchgestanden und erwachte zu neuem Leben.

Immer nur einen Tag
auf einmal leben

Tagebucheintrag vom 26. 9. 2013

Hier gibt es nichts, was mich davon abhalten könnte, einfach im Hier und Jetzt zu sein. Es werden keine Erwartungen an mich gestellt, derer ich nicht sowieso schon gerecht werde. Es bestehen keine von außen auferlegten Rollen, die eine Projektionsfläche über mich stülpen, die nichts mit mir zu tun haben. Einen Verlust der Freiheit kann ich nur erleiden, wenn ich den freien Raum in mir verlasse, indem ich mich in den Fesseln meines Geistes verliere, der mir etwas vorspielt, was nicht wirklich ist.

Was macht es schon, dass ich mit meinem physischen Körper nicht überall hingehen kann. Es gibt keinen Ort auf dieser Welt, den ich nicht schon gesehen habe. Denn wo immer ich mich aufhalte, ich sehe die Welt durch die Filter, die schon seit jeher Teil meines Repertoires sind. Ich kann durch die Augen der Traurigkeit, durch die Augen der Schönheit, durch die Augen der Liebe, durch die der Freude, der Einsamkeit und durch viele mehr sehen, je nachdem, welchen Gemütszustand ich wähle, während ich mich an diesem oder jenem Ort aufhalte. Es spielt für mich keine Rolle, wo ich bin, denn mein Zuhause liegt in meinem Inneren. Es ist jener Platz in meinem Herzen, in dem Frieden herrscht. Sanft wiege ich mich in den Wellen der Leere, die mich zu neuen Ufern tragen, die ich meinte im Außen suchen zu müssen, die aber nirgends zu finden sind außer in meinem Inneren.

Es gibt in dieser Welt da draußen so vieles, was uns von der Wahrheit, dass alles, was wir dort suchen, bereits in unserem Inneren vorhanden ist, ablenken möchte. Ich kann also einfach hier im Korridor am Ende meines Trakts sitzen und die frische Brise genießen, die sanft meine Haut umschmeichelt und kühlt, ohne irgendetwas dafür tun zu müssen. Vor meiner Inhaftierung war ich viel zu sehr damit beschäftigt, dieses oder jenes zu tun, weil so viele Verpflichtungen nach mir verlangten, dass ich dabei ganz vergessen habe, dass es nichts gibt, was ich dafür tun kann, um die Liebe und den Frieden zu finden, außer mich einfach meinem Atem hinzugeben, der mich durch den Schmerz in die Leere führt, inmitten derer der Frieden ruht, der mir zur Freiheit verhilft. Ich kann keine Freiheit im Außen erlangen, weil der einzige Weg, sie zu finden, durch die Akzeptanz dessen führt, was ist.

Indem ich akzeptiere, was sich in meinem Leben an äußeren Umständen und Reaktionen zeigt, erlaube ich mir anzukommen, wo immer ich gerade bin. Das ist genug! Mehr braucht es nicht. Sobald ich den Schritt der Akzeptanz getan habe, kann der Frieden nachkommen.

Mein Verstand möchte sich ab und an dazwischendrängen und Bedingungen anknüpfen, damit ich Frieden leben kann. Dann untersuche ich diesen Gedanken auf seinen Wahrheitsgehalt und sehe, was sich zeigt. »Ich brauche eine bessere Matratze, um ausgeruht zu sein«, so ein Gedanke. Wenn ich mich dann auf die dünne Kaltschaummatratze lege, meine Augen schließe und mich einfach dem Atem hingebe, dann verstummt mein Verstand und ich sehe, dass es keine Veränderung im Außen braucht, damit ich meinen Frieden wahren kann.

Freiheit und Frieden gehen Hand in Hand.
Es gibt niemanden, der mir meine Freiheit nehmen und niemanden, der sie mir zurückgeben kann, außer mir selbst.
Indem ich jenen Raum in meinem Inneren betrete, wo der Frieden zu Hause ist, finde ich meine Freiheit.

Im Gefängnis gibt es keine positive Stimulation und keine Quelle der Befriedigung im Außen. Alles sieht immer gleich aus. Jeder Tag war gleich öde und die gleichen Menschen mit den gleichen Gesichtern begegneten mir auf dem Flur. Nur allzu oft vergaß ich, welcher Tag es war. Sobald ich anfing, die Wochen und Monate zu zählen, wurde ich wahnsinnig und bekam das Gefühl, nie mehr aus dem Gefängnis herauszukommen. Ich lernte schnell, alles auszublenden und nur für den Moment zu leben. All jene, die Erleuchtung predigen, indem man nur den Augenblick lebt und alle Gedanken beiseiteschiebt, waren noch nie im Gefängnis. Welch eine Ironie, eine solche Lektion erzwungenermaßen integrieren zu müssen.

An meinem ersten Tag im Gefängnis erteilte mir eine zu lebenslang verurteilte Frau, die in der Zelle gegenüber meiner wohnte, den wichtigsten Rat auf dieser Reise: »Lebe immer nur einen Tag auf einmal.« Das tat ich von da an, denn anders war Überleben nicht möglich. Ich konnte nicht mehr als den einen Tag bewältigen, den ich gerade erlebte. Meine psychischen Mauern wären eingestürzt und ich hätte mich depressiv in einer Ecke verkrochen, um nie wieder aufzustehen. Ich überlegte mir also immer, was ich aus diesem einen Tag herausholen, was ich erledigen, wie ich mich über Wasser halten und mein inneres Licht aufrechterhalten konnte. Wenn ich diesen einen Tag meistern konnte, war ich auf der Gewinnerseite. Mehr als diesen einen Tag hatte ich nicht. Gestern war bereits eine schwammige Erinnerung und das Morgen konnte ich nicht ins Auge fassen. Ich begann, mir zwar längerfristige Ziele zu setzen, die mich am Laufen hielten und mir einen Fahrplan boten, doch integrierte ich davon immer nur eine Teilaufgabe in meine tägliche Routine. So konnte ich jeden Tag ausfüllen und mich dennoch einer längerfristigen Aufgabe widmen, ohne verzweifelt und hoffnungslos zu werden.

Meine mentale Kontrolle und Gedankenhygiene verbesserte sich mit jedem Tag. Immer, wenn ich wieder über Zeit oder den Augenblick meiner Entlassung nachzudenken begann, fühlte ich, wie ich augenblicklich zurück in das schwarze, zeitlose Loch fiel, das meine Seele folterte und nichts als Leere und Angst zurückließ. Ich bin kein Mensch, der aufgibt und sich von den Umständen im Leben in die Knie zwingen lässt. »So I've always made up my mind«, wie man auf Englisch so schön sagt. Ich entschied mich dafür, nicht aufzugeben, kein Häufchen Elend zu werden und mit einer Verbitterung im Herzen durch den Tag zu gehen. Letztendlich bin ich es, die mein Bewusstsein so ausrichten muss, dass ich mich von den äußeren Begebenheiten nicht negativ beeinflussen lasse. Möglichkeiten, mich zu beschweren, gab es mehr als genug. Möglichkeiten, mich zu bedanken auch.

Ich wählte, mich auf meine innere Welt zu fokussieren und die Schätze des Geistes und der Seele zu ergründen. Qualitäten wie Liebe, Mitgefühl, Weisheit, Erkenntnis, Stille inmitten des unaufhörlichen Lärms waren die, die ich vertiefen wollte. Und dafür reichte ein Tag, auch schon ein einziger Moment aus. Ich begann zu verstehen, wie komplex das Leben sich gestaltet, wenn man vergisst, dass es nur den Moment gibt. Und wie einfach das Leben sein kann, wenn man ganz und gar im Moment aufgehen kann. Warum sollte ich mir den Stress auferlegen und während ich eine Aufgabe erledigte, mit meinem Verstand bereits bei der nächsten Aufgabe sein? Im Gefängnis sind solch kleine Ausrutscher ein Unterschied von Himmel und Hölle. Nur ein gedanklicher Fehltritt und ich wachte auf und erkannte, dass ich mich nicht in meinem selbst geschaffenen Paradies befand, sondern geradewegs in der Hölle gelandet war. Nur ein Blick auf die äußere Realität und die Vergessenheit holte mich ein, dass ich die Freiheit habe, meine innere Welt so zu erschaffen, wie ich sie mir vorstellte.

Menschen wurden unwichtig. Ich lernte, alles und jeden um mich herum so gut zu ignorieren, dass ich meist nicht einmal hörte, wenn jemand meinen Namen rief oder ich eine Anweisung erhielt. Was natürlich nicht vorteilhaft war, wenn diese Anweisung von einer Aufseherin kam. Vielleicht weil ich Ausländerin war, wurde mein abwesendes Verhalten entschuldigt. Wirklich wichtig war es mir sowieso nicht. Solange mich alle in Ruhe ließen und ich weiterhin in meiner eigenen Welt sein konnte, war mir alles egal. Ich wusste vorher nicht, dass man so sehr in einem einzigen Moment leben kann, nur mit sich und seiner Fantasie allein. Ich erwartete nichts mehr, und außer meinen Pflichten wurde auch nichts von mir erwartet.

Ich begann, Zeit und Raum zu vergessen. Nur die drei täglichen Mahlzeiten holten mich ab und an zurück in die zeitliche Realität. Ansonsten widmete ich mich stundenlang dem Schreiben, Meditieren, Nachdenken, Beten oder Lesen. Ich reiste in andere Dimensionen und Parallelwelten, holte Erkenntnisse und Informationen ein, die sich tief in meinen Geist brannten, und erarbeitete mir dadurch jene Freiheit, die mir niemand jemals wieder nehmen kann. Irgendwann hörte ich ganz auf, in Zeit zu denken und die Tage zu zählen. Ich dachte nicht einmal mehr an den einen Tag, der vor mir lag, sondern lebte von Augenblick zu Augenblick. Meine Aufmerksamkeit galt der Aufrechterhaltung meines Tao und nichts weiter zählte. Ich wurde sehr geschickt darin, die Energien zu interpretieren und Visionen zu deuten, die mich in meinen Träumen oder meinen Meditationen heimsuchten. Dadurch konnte ich mich geschickt um Schwierigkeiten navigieren und jene Leute meiden, die dem aktuell vorherrschenden Geist anheimgefallen waren. Sie waren diejenigen, die Streit suchten oder sich durch Nettigkeiten einschleichen wollten, nur um einen selbst mit hinunterzuziehen oder in Schwierigkeiten zu bringen.

Durch meine Lebensweise wurde ich irgendwann als unfreundliche Person bezeichnet, was mir ehrlich gesagt auch ganz gelegen kam. Denn ich wollte mich mit niemandem anfreunden und auch keine Gefälligkeiten erweisen oder erwiesen bekommen. Ich wollte wie immer einfach nur meine Ruhe haben. Solange ich in meiner Welt lebte, ging es mir fantastisch. Sobald jemand an mein Feld anklopfte, erst einmal energetisch und dann auch physisch, bekam ich schlechte Laune, da mir klar war, dass diese Person irgendetwas von mir wollte. Denn nur aus Nettigkeit und Nächstenliebe nähert sich einem niemand im Gefängnis. Entweder kamen sie an, weil sie Essen brauchten, sich Sex erhofften oder mich in kriminelle Machenschaften verwickeln wollten, und nichts von alledem hatte ich zu geben. Also sah ich zu, dass ich sie so schnell wie möglich wieder loswurde, damit ich in meine Welt zurückkehren konnte, in der ich mich auskannte und wohlfühlte. So wurden aus Tagen Wochen und aus Wochen Monate, bis schließlich zwei Jahre vergangen waren und ich mich fragte, wie ich diese Hölle eigentlich überstanden hatte.

Kämpfen, um zu überleben

Nachdem ich diese Lektion verinnerlicht und die ersten Schockerlebnisse verdaut hatte, begann das Kämpfen ums Überleben. Ich nutzte meine Fähigkeit, mich schnell in ein System einzufinden und es adaptieren zu können, und begann, die Leute und die Kultur zu studieren. Ich begriff sehr schnell, dass ich besser dran war, wenn ich mich grundsätzlich als Einzelgängerin aufhalte. Im Gefängnis wird einem nichts geschenkt und die gemeinsame Geschichte der »Weißen« gegen die »Schwarzen« hatte eine tiefe Prägung hinterlassen, die ich als eine von vier weißen Frauen im ganzen Gefängnis deutlich zu spüren bekam. Einer der kulturellen Hintergründe war, dass in einem Drittweltland wie Trinidad grundsätzlich alle Weißen als reich angesehen werden. Weiße Menschen kommen normalerweise als Touristen in ihr Land, geben verhältnismäßig viel Geld aus und fördern so den Tourismus. 100 Euro sind umgerechnet circa 1000 TT-Dollar. Mit diesem Geld kann man in Trinidad und Tobago eine ganze Weile leben.

Ich hatte die Möglichkeit, durch das Konsulat, das mich alle drei Monate besuchen kam, zusätzliches Essen einzukaufen. Ich kaufte natürlich nur das Allernötigste und teilte mir mein Essen sehr gut ein, da ich wusste, dass ich davon sehr lange würde leben müssen, da ich, wie bereits gesagt, das Brot, das im Gefängnis zum Morgen- und Abendessen ausgeteilt wurde, nicht vertrug. Meine Mitinsassinnen versuchten natürlich, von den großen eingekauften Mengen etwas abzubekommen und sahen in mir eine Nahrungsquelle.

Auch sahen sie Menschen mit weißer Hautfarbe als höher oder besser an. Sie benutzten dafür den Ausdruck »high color«. Wahrscheinlich kam das aus ihrer Geschichte, weil weiße Menschen früher ihre Sklavenaufsicht waren. Es gab Insassinnen und Aufseherinnen, die sich mir gegenüber schon fast ehrfürchtig verhielten, während andere mich vor Neid fast umbringen wollten. Es gibt eine Geschichte in Trinidad, an die ich mich noch sehr gut erinnern kann. Darin hat eine weiße Frau HIV auf die Inseln gebracht. Sie hat angeblich ohne Verhütung mit jedem Mann geschlafen, der ihr gelegen kam. Ich denke, der Blickwinkel, von dem aus diese Geschichte erzählt wird, sagt alles. Daher entschied ich mich, mich von allen fernzuhalten. Man kann niemandem vertrauen, der einen bei der ersten Gelegenheit entweder fi… oder ausnützen will, weil man glaubt, dass etwas geholt werden kann.

Ich legte mir einen Schlachtplan zu und steckte mir Ziele, die ich in diesen zwei Jahren erreichen wollte. Ich erkämpfte mir den Weg zurück zu mir selbst, indem ich alle Insassinnen als meinen eigenen Spiegel betrachtete, als einst mal ausgesandte Gedanken, die jetzt in physi-

scher Manifestation wieder vor mir standen. Ich konnte mir selbst nicht entfliehen, mir blieb nur übrig, mit
mir selbst und meiner Vergangenheit Frieden zu schließen. Und genau das tat ich. Im Gefängnis erkennt man
wie nirgends sonst, dass alles, was man einst ausgesandt
hat, wieder zu einem zurückkehrt und man die volle
Selbstverantwortung übernehmen muss. Es gibt kein
Entrinnen.

Die Jugendlichen rufen mich

Ich erinnerte mich an einen Traum, den ich vor einigen Jahren hatte, in dem Kinder mit schwarzer Hautfarbe mich riefen, dass ich kommen und ihnen helfen sollte. Dieser Traum wurde Wirklichkeit. Bereits nach zwei Monaten rief der Gefängnisdirektor mich zu sich in sein Büro und sagte mir, dass er wisse, dass ich Künstlerin sei und zeichnen könne. Er wolle meine Fähigkeiten sehen, also solle ich ihn portraitieren. Das machte ich dann in den nächsten zwanzig Minuten, während er sich bewegte, seine Gespräche führte und eine Insassin nach der anderen für ihre Anfragen hereinholte. Nach zwanzig Minuten zeigte ich ihm das Portrait. Er war so begeistert davon, dass er mich bat, andere in Kunst zu unterrichten. Das war der Beginn einer Veränderung, die mir wieder ein Stückchen mehr von mir selbst und etwas Freiheit zurückgab. Die ersten Schülerinnen, die ich unterrichten sollte, waren nicht etwa die erwachsenen Insassinnen, sondern Jugendliche, die sich in einem anderen Trakt weggesperrt befanden. So wurde ich jede Woche zwei- bis dreimal abgeholt und zu den Jugendlichen gebracht, um ihnen Portraitzeichnen beizubringen.

Einige von ihnen konnten mich nicht ausstehen, andere bewunderten mich und wieder andere waren so sehr mit ihren eigenen Problemen beschäftigt, dass sie keine Zeit und Aufmerksamkeit für den Unterricht erübrigen wollten. Was das Ganze besonders beschwerlich vonstattengehen ließ, war die Tatsache, dass die Jugendlichen zu diesem Unterricht gezwungen wurden und sich nicht freiwillig für die Klasse anmelden konnten. Ich hatte es also mit zwei bis drei motivierten und sieben bis acht unmotivierten Jugendlichen zu tun. Hinzu kam, dass einige von ihnen kein Zuhause, keine Liebe und keine Hoffnung hatten. Sie glaubten nicht mehr daran, dass da draußen etwas Gutes auf sie wartete, und sahen auch keinen Sinn und Zweck darin, eine Ausbildung zu machen und später ihr eigenes Geld zu verdienen. Einige waren bereits mit 16 schwanger geworden und hatten sich einen Mann geangelt, von dem sie dachten, dass er bei ihnen bleiben und ihr Leben finanzieren würde, sodass sie nichts unternehmen müssten, um eigenes Geld zu verdienen. Sie hatten Pläne, von denen sie mir rege erzählten, wie sie ihren Mann behalten und sichergehen würden, dass er sie nicht verlassen würde. So nahmen sie körperlichen Missbrauch, Betrug und Kriminalität als Teil ihres Lebens hin, einige von ihnen fanden sich sogar damit ab, immer mal wieder im Jugendgefängnis zu landen. Sie kannten nichts anderes und meistens waren sie sich auch nicht mehr wert als dieses Leben.

Sie erinnerten mich an mich selbst, wie ich als Jugendliche war. Ich glaube, das war sicherlich einer der

Gründe, warum ich ihnen helfen und sie unterrichten wollte. Außerdem sah ich es als große Chance, ihnen vielleicht eine etwas andere Sichtweise vermitteln zu können, die unter Umständen dazu führte, dass sie einen Kurswechsel in ihrem Leben vornehmen könnten. Und mir gab es außerdem die Gelegenheit, mich zu beschäftigen, die einzige Möglichkeit, zu vergessen, an welchem Ort ich mich befand.

Einige von ihnen waren sehr interessiert an unseren Zeichenstunden, andere wiederum konnten sich nicht dazu durchringen, auch nur ein bisschen Interesse zu zeigen, also ließ ich sie allein. Ich konnte schließlich niemanden zu seinem Glück zwingen. Es gab Tage, die für mich kaum auszuhalten waren, was die Jugendlichen sofort spürten und woraufhin sie meine Schwäche ausnutzten, um ihren Willen zu bekommen. Sie lehrten mich viel über Disziplin und Durchhaltevermögen und erinnerten mich an meine eigene Sturheit, die ich kaum abzulegen vermochte und die oftmals die einzige Waffe in meinem Repertoire war, um in dieser Welt zu überleben. Doch die Linie zwischen Freund und Schwächling war sehr fein. Denn wenn ich ihnen zu viel Leine gab, nutzten sie das aus und tanzten mir auf der Nase herum, und wenn ich zu streng war, dann schenkten sie mir kein Vertrauen, weil sie mich als Aufseherin und nicht mehr als eine ihresgleichen betrachteten. Ich lernte zu unterscheiden und zu spüren, was wann wichtig und angemessen war.

Eines war mir klar, diese Jugendlichen brauchten keinen weiteren Erwachsenen, der sie eines Besseren belehren wollte, sondern eine helfende Hand, ein offenes Ohr und ein liebendes Herz, sodass sie bemerkten, dass sie nicht allein und auf sich gestellt waren. Viele von ihnen waren schon ihr ganzes Leben in einem Heim untergebracht gewesen oder hatten auf der Straße gelebt. Eine war bereits mit 14 Jahren verheiratet und trennte sich wieder von ihrem Mann. Zwei von ihnen waren des Mordes angeklagt und mussten sich darauf einstellen, eine sehr lange Zeit nicht mehr aus dem Gefängnis herauszukommen. Sie beide sind mir sehr ans Herz gewachsen und ich wünschte, ich könnte mehr für sie tun. Vor allem weil sie beide darauf bestanden, dass sie unschuldig angeklagt wurden. Ich weiß nicht, ob das stimmt oder nicht, aber ihrem Wesen nach zu urteilen und von dem, was ich sehen konnte in ihrer Aura, haben sie niemanden umgebracht. Sie werden jedoch aufgrund des mangelnden Rechtssystems und der immens langen Wartezeit für einen eines Mordes angeklagten Häftling wahrscheinlich sehr viele ihrer Jugendjahre im Frauengefängnis von Trinidad verbringen müssen, bevor ihr Prozess überhaupt gestartet wird.

Arbeitsplatz

Mein Arbeitsplatz hat mir buchstäblich das Leben gerettet. Es gibt im Frauengefängnis von Arouca Arbeitsplätze, die mit Vertrauen und Freiheit einhergehen. Solche Positionen nennt man »Orderly Positions«. Aufgrund meiner Zurückhaltung und der nicht vorhandenen Interaktion und Kommunikation mit anderen Insassinnen stellte ich natürlich ein geringeres Risiko für illegale Geschäfte und Machenschaften dar und wurde gleich am Anfang für drei verschiedene Orderly Positionen angefragt bzw. geordert. Ich entschied mich dafür, in der Schule und auf der Krankenstation zu arbeiten, da ich in der Schule Zugang zu einem Computer hatte und mir erhoffte, einen Teil meiner Schreibarbeit in den Computer tippen und für später auf einem USB-Stick speichern zu können. Die Position auf der Krankenstation wollte ich eigentlich nicht mehr und gab sie auch auf, doch eine Aufseherin bat mich, ob ich ihr nicht während ihrer Schicht helfen könnte, da sie mit der anderen Insassin und deren Arbeit absolut nicht zufrieden war. Natürlich willigte ich ein und verbrachte ein weiteres Jahr auf der Krankenstation, bis die Aufseherin in den Urlaub ging.

Ich war fast den ganzen Tag in der Schule, putzte, räumte auf und unterrichtete dort. Und wann immer ich die Zeit fand, setzte ich mich an den Computer und tippte meine Notizen ab. Alles, was ich tat, diente der Vorbereitung für meine Entlassung und der Zeit danach. Ich hatte keine Zeit zu vergeuden, da ich nur zwei Jahre hatte, um sieben Bücher zu schreiben. Ich verbrachte jede freie Minute mit Zeichnen, Lesen oder Schreiben. Dadurch hielt ich mich von anderen Insassinnen fern und ließ mich nicht in ihre kriminellen Machenschaften verwickeln, was aber keineswegs bedeutete, dass sie nicht trotzdem versuchten, mich hineinzuziehen. Schon zu Beginn meiner Anstellung in der Schule fragten viele der Insassinnen mich nach etwas Leim, einem Stift oder einem Heft, das ich doch so nebenbei für sie schmuggeln könnte, wenn ich am Abend wieder ins Hauptgebäude zurückkehrte. Meine Antwort war immer die gleiche, nämlich dass sie dafür mit der Aufseherin sprechen und sie fragen müssten.

Alsbald wurde im Gefängnis bekannt, dass ich meine Position nicht gefährden würde, um anderen Gefälligkeiten und Dienste zu erweisen, und sie ließen mich in Ruhe. Hätte ich mich auf ihre Spielchen eingelassen, hätte ich nicht nur die Kündigung meiner Stelle, sondern auch Einzelhaft riskiert. Mich zweimal von jemandem reinlegen und in Schwierigkeiten bringen zu lassen, wollte ich nicht. Außerdem war dieser Job meine Möglichkeit, dem Lärm, Stress und den Schlägereien im Hauptgebäude zu entfliehen und mich von den anderen

Insassinnen so gut es ging fernzuhalten. Ich wollte von niemandem etwas wissen und schuftete mich stattdessen halb zu Tode. Das war die einzige Möglichkeit, wirklich im Moment zu leben und alle Gedanken an meine Familie und Freunde auszublenden. Ich lernte, messerscharf zu denken und mich auf einen einzigen Punkt zu fokussieren, bis die Aufgabe erledigt war, sodass ich mich dann dem nächsten Projekt widmen konnte.

Meine Aufseherin fasste mehr und mehr Vertrauen zu mir und erkannte, dass ich ihr Vertrauen nicht – wie meine Vorgängerin – ausnutzen, Mobiltelefone schmuggeln und in der Schule laden würde, sondern dass ich gewillt war, hart zu arbeiten und meine Freizeit mit Studieren und Schreiben zu verbringen. Ich stellte die ganze Schule auf den Kopf, indem ich sie von oben bis unten entrümpelte und putzte, sodass sie in neuem Glanz erstrahlen konnte. Da ich die Einzige war, die bei allen Putzeinsätzen dabei war, wusste ich auch genau, was wo verstaut lag, sodass ich schon bald einen besseren Überblick hatte als alle Aufseherinnen zusammen, die in der Schule arbeiteten.

Ich startete meinen Tag gewöhnlich so, dass ich nach dem Frühstück von einer Aufseherin, die auch in der Schule arbeitete, abgeholt und zur Schule gebracht wurde. Dort putzte ich erst einmal die ganze Schule, bevor die ersten Unterrichtsstunden begannen und ich mit dem Austeilen von Notizheften, Bleistiften, Büchern und anderen Materialien beschäftigt war. Über Mittag versuchte ich mich vor dem Essen im Speisesaal zu drü-

cken und blieb, wann immer möglich, in der Schule
oder ging schnell rein und wieder raus, bevor der große
Ansturm kam und ich zu lange auf mein Essen warten
musste. Dadurch hielt ich mich, wie gewollt, von den
anderen Insassinnen fern. Und das Allerwichtigste, ich
hatte immer viel zu tun und keine Zeit zum Nachdenken, was Überlebensstrategie Nummer eins im Gefängnis ist.

Rassismus

Tagebucheintrag vom 30. 12. 2014

Diskriminierung = Rassismus, Geringschätzung, Ausgrenzung

So also fühlt es sich an, stets anders zu sein. Bei Gesprächen inklusive mir und zwei weiteren oder mehr Personen kann ich sicher sein, dass ich kaum in das Gespräch miteinbezogen werde, sie keinen Augenkontakt mit mir aufnehmen und nur den Namen der anderen Personen während des Gesprächs sagen, während sie sich mit Blick und Körperhaltung ihnen zuwenden und mich außen vor lassen, so als ob ich nicht existieren würde. Ich habe nicht den Eindruck, dass sie das absichtlich machen. Sie sind seit jeher und aufgrund der Geschichte der Sklaverei so geprägt. Doch es fühlt sich elend an. Und ich hasse es! Ich hasse es, mich ausgeschlossen zu fühlen. Gleichzeitig sehne ich mich nach echten Gesprächen mit Menschen, die Tiefgang, Empathie und Feingefühl besitzen, die nicht in Hautfarben denken und die Beschreibung einer Person als Erstes daran festmachen, ob die Person weiß oder schwarz ist.

Weiße Menschen sind für sie entweder reich und schön, Sklaventreiber oder einfach von einem anderen Planeten, sodass sie sie entweder hassen, beneiden oder einfach ignorieren. Keines davon ist angenehm. Und ganz sicher möchte ich von niemandem so behandelt werden. Doch das ist das Umfeld, in dem ich mich tagtäglich befinde. Es gibt kein Entrinnen in physischer Hinsicht, aber ich flüchte mich in meine Welt der Kunst, der Imagination, der Bücher und des Schreibens. Und ich befasse mich mit meinen Zukunftsplänen, ich überlege mir, wie ich meine Zeit verbringen werde, sobald ich dieses Gefängnis verlassen habe. Eines steht ganz sicher fest, nach dieser Zeit an diesem Ort ist jeder Augenblick im Leben so kostbar, dass ich ihn keinesfalls mehr mit Menschen verschwende, die mich nicht wertschätzen oder die ich nicht mag, oder dass ich ein Leben führe, das ich nicht führen möchte.

Einige der Wärterinnen beschimpften mich oft als Weiße und drohten mir auch mit Schlägen. Als ob ich vor ihnen Angst gehabt hätte oder ich mich jemals hätte schlagen lassen. Auch das Wort »high color« habe ich immer wieder vernommen, was bedeuten soll, dass Menschen mit meiner Hautfarbe eine bessere Farbe, quasi eine höhere Farbe hätten und schöner seien. Der Wunsch, weiß zu sein, führte bei vielen dazu, dass sie ihre Haut bleichten, damit sie heller wird. Eine Insassin fragte mich sogar einmal, ob sie mich berühren dürfe, da sie noch nie eine weiße Frau angefasst hätte. Ich habe aufgehört, verstehen zu wollen, wie man eine so tiefe Hassliebe empfinden und gleichzeitig jemanden so beneiden kann, weil ich heute weiß, dass diese beiden Pole untrennbar miteinander verbunden und in die gemeinsame Geschichte zwischen Menschen mit schwarzer und weißer Hautfarbe eingewoben sind.

Irgendwann hörte ich auf, überhaupt ein Gespräch anzufangen oder dabei zu sitzen, einfach weil ich genug davon hatte, ignoriert und gemieden zu werden, auch weil mich die Themen, über die sie sprachen, normalerweise nicht interessierten. Ich konnte mich darauf verlassen, dass es nie um wahre Tiefe, sondern immer nur um die Befriedigung des eigenen Egos ging und den Wunsch, Aufmerksamkeit zu bekommen und anerkannt zu werden für eine Geschichte, die meist nicht einmal ihnen selbst widerfahren war. Stundenlang konnten sie auf dem Korridor sitzen und Geschichten ohne wirklichen Inhalt oder Bedeutung von jemandem erzählen, den sie einmal kannten. Ich bevorzugte es irgendwann, von ihnen gemieden und in Ruhe gelassen zu werden. Ich fand mich damit ab, dass ich – wie auch sonst – Einzelgängerin bleiben und in meiner eigenen Welt leben würde.

Wenn ich sehe, wie viele ungeklärte Themen und wie viele offene Wunden uns nach wie vor verbinden, dann frage ich mich, wie sehr es überhaupt möglich ist, eine Welt des Friedens und der Einheit zu erschaffen, in der Liebe regiert, nicht Hass, in der Freundschaft und Gemeinschaft die Grundpfeiler bilden, nicht Ausgrenzung und Abgrenzung, und in der das Herz eines Menschen mehr zählt als seine Kultur, Hautfarbe oder sein Bildungsstand. Bleibt es einfach nur ein Traum? Eine Seifenblase, die irgendwann zerplatzt?

Zerbrechen oder stärker werden

Alles im Gefängnis war darauf ausgerichtet, mich zu brechen. Jedes Pflänzchen, das zu sprießen begann, wurde gleich wieder von einer Horde zertrampelt. Ich musste jeden Tag die Entscheidung treffen, ob ich es zulassen würde, dass das Gefängnis mich brechen oder stärker machen würde. Die ganze Negativität, die Schlägereien und alle Absichten waren so hinterlistig, zerstörend und selbstsüchtig, dass nichts Gutes entstehen konnte und jeder gute Ansatz im Keim erstickt wurde. Alles war darauf ausgerichtet, mich in den Abgrund zu ziehen. Aber weil ich das erkannte und bereits genügend Resistenz an emotionaler, mentaler und physischer Stärke entwickelt hatte, blieben die Versuche erfolglos.

Ich hielt mich am Leben mit Trainieren, Schreiben, Zeichnen, Lesen und Beten und schenkte nichts, aber auch gar nichts in meiner äußeren Welt die Beachtung und Aufmerksamkeit, die es nicht verdiente. Ich stand jeden Tag auf mit der Entscheidung, standhaft, ausgerichtet und fokussiert zu bleiben auf meine Vision, der Mensch zu sein, der ich entschieden hatte zu sein, trotz der widrigen Umstände.

Doch die Prüfungen kamen und wurden mir hart ins Gesicht geschlagen. Das ganze Bewusstseins-Spiel fing, sobald eines endete, in einer neuen Runde wieder von vorn an. Zeit für eine Verschnaufpause gab es niemals. Ruhe und Frieden konnte ich einzig in mir finden. Es gab keine Möglichkeit, durch gute Führung früher von diesem Ort entlassen zu werden. Es gab keine Möglichkeit, einfach eine Telefonkarte einzuschieben und ein Telefonat nach Hause zu führen, wenn ich mich kaputt fühlte. Es gab keine Bezahlung für meine Arbeit, außer den lausigen 10 Cent, noch hatte ich die Möglichkeit, mir Essen zu kaufen, das mich über Wasser halten würde. Ich war vollkommen auf andere Menschen und ihre Hilfe angewiesen. Und wären nicht die Essenspakete oder das durch meine Familie finanzierte Essen gewesen, das das Konsulat mir von Zeit zu Zeit brachte, ich wüsste nicht, wie ich es hätte überstehen sollen. Es gab Tage, an denen gab es kein Wasser, die Toiletten konnten nicht gespült werden, man konnte nicht duschen und das Essen war ungenießbar. Es gab keinen Grund, überhaupt noch am Leben zu bleiben, und doch war die einzige Motivation, mein innerer Antrieb der, nicht daran zu zerbrechen. Die Entscheidung, die ich ab dem Tag meiner Verurteilung getroffen hatte, als stärkerer Mensch aus dieser Sache hervorzugehen, und meine Lehre, dass das Gefängnis allein in unserem Geist existiert, als lebendiges Beispiel in die Welt zu tragen, gaben mir die Disziplin und das Durchhaltevermögen, um weiterzumachen, um jeden Tag aufzustehen und dankbar zu sein, am Leben zu sein, auch wenn nichts Lebenswertes darin existierte. Es gab mir die Motivation, körperlich zu trainieren, auch wenn ich nicht genügend Nahrung in meinem Körper hatte, einfach um meinen Geist auf Trab zu halten. Die Entscheidung gab mir die Kraft, ein Buch in die Hand zu nehmen und zu lesen, auch wenn ich mich am liebsten verkrochen hätte. Und sie gab mir die Gnade zu beten und nach innen zu gehen, wenn alles, was ich wollte, war, meine Augen zu schließen und nie wieder aufzuwachen.

Wenn ich mich heute Herausforderungen gegenüberstehen sehe, dann erinnere ich mich immer an jene Tage in meiner Zelle, in der ich hätte aufgeben und sterben können, so wie das andere Insassinnen gemacht haben und tatsächlich gestorben sind. Und ich erinnere mich an das Versprechen, das ich mir selbst gegeben habe, nämlich weiterzumachen und unermüdlich Schritt für Schritt weiterzugehen im Vertrauen, dass das Leben nur das Beste für mich will und die nächste Tür für mich öffnen wird, durch die ich in eine neue Welt schreiten werde. Ich kann daran zerbrechen oder stärker werden.

Die Versuchungen, Ablenkungen und Einflüsterungen auf dem Weg kommen immer, ganz egal, ob man sich innerhalb oder außerhalb dieser Mauern befindet. Doch unsere Wahl, unser Durchhaltevermögen, unser Fokus, unsere Disziplin und die Vision, die wir in unserem Herzen tragen, entscheidet darüber, ob wir ihnen standhalten und stärker daraus hervorgehen oder ob wir daran zerbrechen. Das Leben innerhalb und außerhalb des Gefängnisses ist genau gleich. Innerhalb des Gefängnisses spielt es sich einfach auf viel engerem Raum ab und es gibt kein Entkommen. Doch wir begegnen uns selbst in jeder Erfahrung, jedem Menschen und jedem Umstand. Ob es uns zu einem Segen oder einem Fluch gereicht, ist unsere Entscheidung.

Sklaverei heute:
emotionale, mentale und
spirituelle Fesseln

Mangelnde Selbstliebe ist meiner Ansicht nach die am weitesten verbreitete Form der Einschränkung der Freiheit. Wo immer es an Liebe fehlt, bin ich daran gebunden. Ich bin an die Enge gebunden, die mich emotional, mental und in meinen Handlungen einschränkt. Mit anderen Worten, ich bin ein Sklave meiner Begrenztheit, meiner Angst. Was auch immer ich fühle, denke, sage oder tue, wird ein Ausdruck dieser Angst. Ich werde mich in dieser Welt niemals frei bewegen können, solange ich noch in Angst lebe. Mangelnde Selbstliebe ist Ausdruck dieser Angst. Der Angst davor, sein herrlichstes Selbst zu erschaffen und das Leben zu feiern. Folglich werde ich mir stets jene Dinge verweigern, die ich gern möchte, weil ich unbewusst davon überzeugt bin, dass ich sie nicht verdiene. Ein Leben ständiger Enttäuschungen ist die Folge, ich werde allmählich mehr und mehr verbittern, das Schlimmste vom Leben erwarten und es somit auch erhalten. Jemand wird stets der Täter sein und ich das arme Opfer, das von den Menschen schlecht behandelt wird. Dass dies alles Ausdruck mangelnder Selbstliebe ist, möchte ich lieber nicht sehen, da ich ansonsten

Verantwortung übernehmen und mich als Ursache dieser Negativspirale erkennen müsste. Wie ich die Realität betrachte, entscheidet darüber, wie sie mich beeinflusst. Nachdem ich das erkannt hatte, war ich frei von der ständigen Suche nach dem Sinn einer Lebenserfahrung. Ich konnte die Erfahrung annehmen und mich in Relation dazu definieren. Ich konnte erfahren, wer zu sein ich gewählt hatte.

Solange ich mich jedoch noch in mentalen und emotionalen Fesseln befinde, werde ich mein Selbst innerhalb einer Erfahrung nur beschränkt betrachten und mich nach diesem einen Gesichtspunkt beurteilen. Ich werde jene Menschen, die ebenfalls an der Erfahrung beteiligt sind, eine Rolle zuschreiben und sie entweder als meine Feinde oder meine Verbündeten betrachten. Je nachdem werde ich sie entweder bekämpfen oder auf meine Seite ziehen und sie in meine persönlichen Angelegenheiten Einblick nehmen lassen. Je nachdem wie sich meine Meinung und Sichtweise über sie ändert, ändern sich auch die Rollen, die ich ihnen zuteile, und so kann aus einem Verbündeten genauso schnell ein Feind wie aus einem Feind ein Verbündeter werden.

Solange ich von der Sichtweise und Meinung anderer Menschen über mich abhängig bin, werde ich mich niemals bedingungslos selbst lieben, denn ich warte stets auf ihre Zustimmung und Anerkennung. Und sollte es tatsächlich geschehen, dass sich ihre Meinung über mich zum Negativen verändert, dann tue ich alles, um sie davon zu überzeugen, dass sie falsch liegen. Ich befinde mich also in einem steten Zustand von Kampf und Verteidigung. Ich kann mich niemals richtig entspannen, weil ich nicht weiß, wann meine Feinde das nächste Mal zuschlagen. Ein Leben in anhaltender Angst und Vorsicht ist die Folge.

In Wirklichkeit ist es unwichtig, was andere über mich denken, wenn ich weiß, wer ich wirklich bin. Wenn ich weiß, wer ich wirklich bin, kann ich gar nicht anders, als mich bedingungslos selbst zu lieben. Und wenn ich mich bedingungslos selbst liebe, kann ich diese Liebe auch allen anderen Menschen zukommen lassen. Ich befreie mich selbst aus den Fesseln, indem ich aufhöre, nach Liebe und Anerkennung bei anderen Menschen zu suchen. Manche werden mich mögen, andere werden mich hassen. Wenn ich mich selbst bedingungslos liebe, spielt das keine Rolle. Ich bleibe gleichmütig, was auch immer geschieht und wie auch immer ich behandelt werde.

Daneben gibt es jene Fessel der Konkurrenz und der Bekämpfung anderer Menschen. Wenn ich gegen sie ankämpfe, kämpfe ich eigentlich nur gegen mich selbst. Es ist ein auswegloser Kampf, den ich nicht gewinnen kann. Was ich anderen Menschen nicht gönne, das gönne ich mir selbst nicht und werde es auch nicht erhalten. Aber es gibt mehr als genug für alle Menschen. Wissen wir um diese Wahrheit, dann müssen wir nicht mehr um etwas kämpfen, um es zu erhalten, da wir wissen, dass das, was zu uns gehört, auch zu uns kommen wird. Das Leben bringt mir stets das, was ich am meisten brauche.

Doch diese Wahrheit anzuerkennen, stellt sich immer dann als sehr schwierig heraus, wenn wir uns in Extremsituationen und schwierigen Umständen befinden. Wir bekommen niemals mehr, als was wir bewältigen können. In diesen schwierigen Situationen können wir uns daran erinnern, dass maximales Wachstum immer dann erzielt wird, wenn wir aus unserer Komfortzone herausgerissen werden und in einem neuen Paradigma aufwachen. Wenn wir am meisten gefordert werden, können wir über uns selbst hinauswachsen. Wenn wir uns jedoch noch immer in emotionalen und mentalen Fesseln befinden, dann wird unsere Angst uns daran hindern, unsere bisher gesteckten Grenzen zu überschreiten und mutig in ein neues Land zu schreiten.

Wenn wir uns selbst vertrauen, dann vertrauen wir dem Leben und können uns dem Fluss des Lebens hingeben, ohne den ständigen Kampf ums Überleben zu führen. Das Leben ist ewig. Wir brauchen uns das Leben nicht zu erkämpfen. Im Gegenteil: Je mehr wir kämpfen, umso mehr Widerstand baut sich auf. Diese beiden Extreme bedingen einander, da in der Welt der Dualität das Pendel stets von einem Punkt zum nächsten hin- und herschwingt. In der Mitte liegt die Hingabe. Indem wir uns hingeben, werden wir von einer inneren Gelassenheit ergriffen, die uns alle Hindernisse überwinden lässt, uns eine Stärke verleiht und mit jenem Sein verbindet, das alle Herausforderungen des Lebens nur noch in Leichtigkeit erfasst und als großartige Chance des Wachstums sieht. In Wirklichkeit gibt es keine Probleme, es sei denn, wir glauben etwas anderes, als dass alles möglich ist. Dann gilt es, uns auch von dieser mentalen Fessel zu befreien, damit ein Stückchen mehr Freiheit sich entfalten kann.

Was du säst, wirst du ernten

Ich habe im Laufe meiner therapeutischen Tätigkeit festgestellt, dass die meisten Menschen Karma als eine Art Bestrafung auffassen. Sie gehen mittels Reinkarnationstherapie zurück in vergangene Leben und schauen sich dort an, warum sie im jetzigen Leben unter einer bestimmten Situation leiden. Meist entdecken sie dann, dass sie damals Täter waren und deshalb heute Opfer sind. Sie sind davon überzeugt, dass sie dafür bezahlen, was sie damals der anderen Person angetan haben. Dieses Glaubensmuster gründet auf dem Gedanken, dass es einen Gott gibt, der uns für unsere Sünden bestraft, und wir unterscheiden müssen, was richtig und was falsch ist, um den richtigen Weg zu wählen. Wenn wir dann angeblich etwas Falsches machen, werden wir im nächsten Leben die Rollen tauschen und erleben, was damals diese Person erlebt hat.

In der Welt des Absoluten gibt es das Konstrukt von Raum und Zeit nicht, deshalb sind unter diesem Gesichtspunkt vergangene Leben nicht existent. Tatsächlich verhält es sich so, dass das, was wir als vergangene Leben betrachten, eigentlich verschiedene Anteile unseres Selbst sind, die ihre Erfahrungen machen. Alle diese Erfahrungen sind im Moment bereits vorhanden. Sie sind uns in jedem Augenblick zugänglich. Mittels des Konstrukts von Raum und Zeit allerdings bietet sich uns die Möglichkeit, diese verschiedenen Anteile in linearer statt in holografischer Zeitabfolge zu sehen, damit wir mit den Eindrücken und Informationen nicht überflutet und überfordert werden. Wir können häppchenweise verdauen und integrieren, was sich uns beispielsweise in einer Reinkarnationssitzung zeigt. Aber wie bereits gesagt, sollten wir uns vor Augen halten, dass es verschiedene Anteile unseres Selbst sind, die wir dann sehen. Es geht auch nicht darum, dass wir mit etwas bestraft werden, sondern darum, das Gleichgewicht zu halten. Es ist die Aufgabe des Lebens, alles stets im Gleichgewicht zu halten und es ist die Aufgabe der Seele, sich selbst als Gottesfunken in allen Facetten des Lebens zu erfahren, um nicht nur zu wissen, wer sie ist, sondern zu sein, wer sie ist.

Eines der kosmischen Prinzipien lautet, dass alles, was einst ausgesandt wurde, wieder zum Ursprung zurückkehren muss. Das bedeutet Karma wirklich. Wir können uns vor nichts drücken. Wir können auch keine Bewusstseinsebene überspringen, da die Rückkehr zur Quelle schlicht und einfach bedeutet, dass auch alle Gedanken und mentalen Programme, die jeweils in die verschiedenen Bewusstseinsebenen eingebunden sind, wieder zu uns zurückkehren müssen, sobald wir uns aufmachen und dafür entscheiden, die Bewusstseinserweiterung anzunehmen, die damit einhergeht. Wir kommen nicht umhin, diese verschiedenen Anteile unseres Selbst, die in den unterschiedlichen Bewusstseinsdimensionen angesiedelt sind, mit all ihren Informationen zu integrieren. Wir werden uns unweigerlich mit den Gedanken der jeweiligen Bewusstseinsebene auseinandersetzen müssen. Wann immer wir also meinen, dass etwas, das uns gerade widerfährt, nichts mit uns zu tun hat, dann sollten wir uns an das Prinzip von Ursache und Wirkung erinnern und uns vergegenwärtigen, dass alles wieder zu uns zurückkehren muss, da wir alles sind, was es gibt. Im Augenblick der totalen Erkenntnis werden wir uns dieser Wahrheit gewahr.

Karma bedeutet also nicht, dass wir für etwas bestraft werden, was wir in einem vergangenen Leben jemand anderem angetan haben und wir deshalb in diesem Leben dafür leiden oder bezahlen müssen. Das sind althergebrachte religiöse Vorstellungen von einem strafenden Gott, der angeblich seinen Willen anderen aufzwingen möchte und straft, sollte es nicht so laufen, wie er das gern möchte. Gott hat uns einen freien Willen gegeben, damit wir aus diesem freien Willen heraus entscheiden können, was für uns richtig und angemessen ist und was nicht. Doch in Gottes Welt gibt es so etwas wie richtig und falsch nicht. Diese Definition existiert ausschließlich in unserer Welt der Relativität, in der wir die Dualität benötigen, um uns selbst zu definieren und zu erfahren. In Gottes Welt des Absoluten spielt es keine Rolle, ob wir richtig oder falsch handeln, denn er/sie hat keine

Präferenzen diesbezüglich. Warum sollten wir also für etwas bestraft werden, wenn das Prinzip Bestrafung in dieser Welt gar nicht existiert?

Das kosmische Prinzip verlangt, wie bereits erwähnt, dass alle Schöpfung wieder zum Ursprung zurückkehrt. Also werden wir die verschiedenen Programme wandeln und die kosmische Wahrheit, die allem zugrunde liegt, erkennen müssen, wenn wir uns die Freiheit erschaffen wollen, die unsere Essenz ausmacht. Doch das sind alles nur unterschiedliche mentale Programme, die es anzuschauen und aufzulösen gilt. Nichts weiter brauchen wir zu tun, um die verschiedenen Ebenen des Karmas zu klären. Es ist in diesem Prozess hilfreich, diese verschiedenen Ebenen zu kennen und sie Schritt für Schritt aufzulösen. Wir kommen nicht umhin, uns dieser Arbeit hinzugeben, wenn wir nicht länger Sklaven und Marionetten des Massenbewusstseins, Unterbewusstseins, vergangener Erfahrungen, unseres inneren Kindes oder negativen Egos sein wollen. Unser Karma abarbeiten können wir nur dann, wenn wir uns der Klärung unseres Bewusstseins verschreiben, und nicht, wenn wir an althergebrachte Überlieferungen glauben und uns an ihnen festhalten wie ein Ertrinkender an einem Rettungsseil. Raum und Zeit genauso wie richtig und falsch sind abgelaufene Konzepte, die nichts mit der Klärung unseres Karmas zu tun haben.

Ich habe mir nach meiner Verurteilung noch einmal genau angeschaut, welchen Teil ich dazu beigetragen habe, im Gefängnis zu landen. Die dunkle Wolke lichtete sich langsam, aber sicher und enthüllte mir den Blick auf das, was ich zuvor nicht zu sehen vermochte. Ich hatte zwar mein Leben geändert, aber die Vergangenheit und die darin enthaltenen Taten konnte ich nicht ungeschehen machen. Und so kamen die Lektionen, die ich damals nicht integriert hatte, und die Fehltaten auf irdischer Ebene in voller Wucht auf mich zurück. Dieses Mal war ich diejenige, die beobachten konnte, wie meine Familie und Freunde sich damals gefühlt hatten, als ich alles andere als bei mir selbst, frei und gesund war. Ich erkannte, dass ich jetzt zwar unschuldig im Gefängnis saß, doch in Anbetracht meiner Vergangenheit keineswegs unschuldig war. Ich hatte meine Missetaten und Fehler auf dem Gewissen, und das war mein Karma. »Karma is a bitch!«, sagt man in Trinidad. Und wenn es zurückkommt, dann wie ein Bumerang, der dich mitten ins Gesicht trifft.

Außerdem ignorierte ich alle Zeichen, die mir zuvor als Warnsignale geschickt wurden und mich wissen ließen, dass ich mich lieber nicht auf diese Reise einlassen sollte. Ich war durch meine Naivität, nur die Unschuld der Seele zu sehen, nicht imstande gewesen, die hinterlistigen Absichten eines Menschen zu erkennen, mit dem ich durch einen Bekannten in der Schweiz in Kontakt kam und den ich gerade erst kennengelernt hatte. Der Schleier der Verblendung umfing mich sicherlich durch mein persönliches Karma so dicht, dass ich erst fähig war zu erkennen, was eigentlich geschehen war, als sich alles bereits ereignet hatte. Als ich noch einmal rückblickend die Ereignisse durchlief, wurde mir bewusst, dass ich wohl nicht darum herumgekommen wäre, mein früheres Ich auf diese Art und Weise anzuschauen. Alle Anteile, wie ich früher einmal war, blickten mir durch meine Mitinsassinnen direkt ins Gesicht. Und es gab nichts, wo ich hätte hingehen können. Ich saß fest mit mir selbst.

LEKTION:
Das Wesen der Vergebung

Eine der wichtigsten Erkenntnisse für mich war, dass ich anderen Menschen vergeben muss, aber nicht abhängig davon bin, dass sie mir vergeben, um mich vom Karma zu erlösen. Ich habe keinen Einfluss darauf, ob sie mir vergeben werden oder nicht. Ich kann nur meinen Teil tun und die Verantwortung für meinen Anteil am Geschehenen übernehmen. Indem ich das mache, befreie ich mich gleichzeitig aus dem Opfer/Täter-Drama und erkenne mich als den Schöpfer meiner Umstände an. Andere Menschen können mich nicht verletzen, wenn ich es nicht zulasse, respektive wenn ich nicht eine Sichtweise einnehme, die den anderen Menschen für etwas anklagt und verurteilt. Wenn ich andere Menschen anklage und für die Manifestationen in meinem Leben verantwortlich mache, mache ich mich zum Opfer und den anderen zum Täter.

Das, was ich jetzt sage, mag vielleicht schwer zu akzeptieren sein. Auch ich habe lange gebraucht, um diese

Erkenntnis zu integrieren, da sie mir vollkommen absurd vorkam, als sie das erste Mal wie ein Blitz in meinen Geist einschlug. Es geschieht nichts in unserem Leben ohne unsere Zustimmung. Alles, was sich in unserem Leben ereignet, hat auf irgendeiner Ebene unsere Zustimmung erhalten. Aber was ist mit den Kindern, die von ihren Eltern missbraucht oder misshandelt werden? Ja, auch sie haben zumindest auf der Ebene der Seele ihre Zustimmung gegeben. Das zumindest habe ich für mich selbst bei meiner Vergangenheitsbewältigung erkennen dürfen.

Wenn eine Seele beispielsweise wählt, die Erfahrung der Vergebung zu machen, dann braucht es in der Welt der Dualität einen Menschen, der einem vermeintlich Leid zufügt, damit man überhaupt erst die Erfahrung der Vergebung machen kann. Ohne Relation zu dem, was wir nicht gewählt haben zu sein, können wir nicht erfahren, wer zu sein wir gewählt haben. Also muss sich eine Seele dazu bereit erklären, die Rolle des »Übeltäters« zu übernehmen, damit wir die Erfahrung der Vergebung machen können.

Dieser Akt geschieht aus tiefer Liebe. Da wir der Vergessenheit anheimfallen, je länger wir in der Welt der Relativität leben und uns die allgemein gültigen Programme des Schuldigen und Unschuldigen eingetrichtert werden, vergessen wir diese einst getroffene Abmachung und verlieren uns in der Illusion des Schmerzes. Schuld, Anklage und Scham sind mit einem Leben in dieser Dimension verbunden. Ich habe das Wesen der Vergebung erst wirklich verstanden, als ich diese Erkenntnis gemacht habe, dass nichts ohne meine Zustimmung geschehen kann.

Was gibt es dann noch zu vergeben? Ja, ich denke auch immer wieder, dass das alles zu hochgestochen und idealistisch klingt, und dennoch komme ich nicht umhin, mir einzugestehen, dass es keine Opfer und keine Täter außerhalb der Welt der Relativität gibt. Wenn ich weiß, wer ich wirklich bin, wie könnte ich dann weiterhin einen anderen Menschen für meine Gedanken, Gefühle und Handlungen verantwortlich machen? Ich kann es nicht und genau aus diesem Grund bleibt die Erkenntnis, dass mich niemand verletzen kann, wenn ich nicht wähle, verletzt zu werden.

Ich möchte nicht behaupten, dass es in Ordnung ist, sich nicht zu entschuldigen, und dass keinem mehr vergeben werden muss. Ich spreche hier von der Erkenntnis auf der Ebene der Seele. Um auf der menschlichen Ebene Konflikte beizulegen, sind Vergebungsrituale und Konfliktlösungen sehr wichtig. Ohne sie werden wir leichtsinnig und übermütig. Wir glauben, uns alles erlauben zu können, was wir wollen, ohne die Konsequenzen dafür tragen zu müssen. Aber wenn wir allem und jedem die Schuld geben und Menschen zum Sündenbock machen, ohne unseren Anteil anzuerkennen, werden wir niemals eine wirkliche Heilung erfahren. Heilung findet in unserem Bewusstsein statt und zwar dann, wenn wir die Anteile, Schattenseiten und Fehler, die wir in einem anderen Menschen sehen, auch in uns selbst erkennen und aufhören, herablassend und arrogant auf andere Menschen zu blicken und uns einzubilden, dass wir besser wären als sie. Die größte Verblendung auf unserem Planeten ist meiner Ansicht nach jene der Überheblichkeit. »Das hat nichts mit mir zu tun, so etwas würde ich niemals tun oder wie konnte man auch so handeln«, sind nur einige der Aussprüche, die uns vermeintlich von unserem Gegenüber trennen sollen.

Dass wir im Grunde genommen alle gleich sind, möchten viele Menschen nicht sehen, denn dann müssten sie sich ihren eigenen Schattenseiten und Ängsten stellen und sich verletzlich zeigen. Wenn wir diesen Bewusstseinswandel vollziehen und unseren Anteil in dem suchen, was wir in der Welt an Schrecklichem und Grausamem sehen und unsere Urteile und Wertungen außen vor lassen, können wir wahre Vergebung finden. Eine Vergebung, die in der Erkenntnis wurzelt, dass es keine Schuld gibt. Eine Vergebung, die die Essenz des Lebens zum Ausdruck bringt, dass wir alle eins sind und dass uns nichts bewusst werden kann, was wir nicht auch in uns selbst tragen. Alles, was wir einst erschaffen haben, wird unweigerlich wieder zu uns zurückkehren. So lautet das Gesetz. Wie könnten wir unsere Verantwortung und unseren Anteil an der Schöpfung dann ablehnen, wenn uns etwas buchstäblich vor die Nase gesetzt wird?

Also kehre ich erneut zum Anfang zurück und praktiziere Vergebung und bedingungslose Selbstliebe, damit ich auch anderen Menschen urteilsfrei begegnen und ihnen das Gefühl geben kann, dass sie einfach sie selbst sein können und sich nicht anzustrengen brauchen, um akzeptiert und geliebt zu werden. Sie sind in Ordnung und willkommen, genau so wie sie sind. Menschen, die andere Leute so behandeln, werden als Zeitgenossen und Gesprächspartner geschätzt und hoch angesehen. Sie werden von Leuten nur so umzingelt, weil man sich in ihrer Gegenwart wohl und geborgen fühlt. Es gibt keine Energie des Kämpfens und des Sich-beweisen-Müssens.

Wenn etwas sich offenbaren soll, damit man das eigene Wachstum ankurbeln kann, dann wird es sich offenbaren ohne Anklage und Urteil. Es wird sich im Lichte offenbaren, weil ein heiliger Raum geschaffen wird, in dem man sich verwundbar zeigen kann, ohne gleich angegriffen zu werden. Hier ist wahre Heilung möglich, weil Demut und Mitgefühl dem verletzlichen Menschen gegenüber ausgedrückt werden. Wir sind alle gleich. Ich weiß, wie es dir gerade geht. Alles ist gut. Du kannst genau so sein, wie du bist. Ich liebe dich! Danke, dass du mir diesen Teil meines Selbst erneut gezeigt hast, damit sich in mir die nötige Heilung vollziehen kann.

LEKTION:
Initiation – die Ebene des Geistes integrieren

Ich weiß heute, dass einer der Gründe, warum ich am anderen Ende der Welt ins Gefängnis kam und nicht wie erbeten mit einer Buße nach Hause zurückkehren konnte, der war, dass ich meine Initiation auf der Ebene des Geistes durchlaufen sollte und meine Zeit brauchte, um diese

Ebene auch tiefgehend und vollständig integrieren zu können. In meiner Funktion als Therapeutin und allen weiteren Rollen, die ich damals eingenommen habe, wäre es mir niemals möglich gewesen, diese Initiation zu vollziehen. Ich musste weit weg von allem mir bisher Bekannten meine Entwicklung durchstehen und brauchte dafür eine Umgebung, in der ich die neuen Erkenntnisse und Programme durch Erfahrung anwenden, trainieren und integrieren konnte. Das Frauengefängnis in Trinidad war dafür wohl die richtige Umgebung. Ich bekam genau so viel Zeit, wie ich wirklich brauchte, um diese neue Bewusstseinsebene vollständig integrieren zu können. Heute sehe ich das Leben noch einmal in einem viel erweiterteren Zusammenhang und habe gelernt, den »Spirit« (Geist) hinter der Handlungsweise der Menschen zu sehen, anstatt einen Menschen für seine Fehler zu verurteilen und ihn gleich abzuschreiben.

Zu Beginn dieses Prozesses wurde meine ganze Festplatte gelöscht und meine Energie auf null geschaltet. Deshalb war ich monatelang der wandelnde Tod. Alles, was ich glaubte über das Leben zu wissen, war in den Grundfesten erschüttert. Ich hinterfragte wirklich jeden einzelnen Gedanken und jedes Programm, das ich jemals in meine Matrix eingewoben hatte. Ich wurde neu aufgebaut, erwachte zu neuem Leben und bin auferstanden nicht aus eigener Kraft, sondern nur durch die Gnade und die Kraft der Liebe. Ich habe losgelassen und Gott zugelassen und muss seither nicht mehr mit aller Kraft meine selbstsüchtigen Ziele verfolgen. Ich gebe mich vertrauensvoll dem Leben hin und nehme dankbar an, was auch immer sich zeigt. Mir ist bewusst, dass sich nicht die perfekten Umstände manifestieren müssen, damit ich gelassen und friedlich bin, sondern dass ich die perfekte Haltung einnehmen kann, um jedwede Herausforderung zu meistern. Und dass ich das auch nicht erreichen kann, indem ich versuche, etwas zu vermeiden, sondern nur indem ich durch den Schmerz zurück in die Freiheit gehe. Wenn ich meine äußere Freiheit wiedererlangen möchte, dann muss ich zuerst meine innere Freiheit erlangen.

Die Ebene der Seele drückt sich vor allem darin aus, dass wir uns mit bestimmten Archetypen identifizieren und die Welt durch diesen Filter betrachten. Die Suche nach dem Sinn des Lebens und die Bedeutung der Seele treiben den Suchenden an und lassen einem keine Ruhe, bis man die Antworten gefunden hat. Das Wissen über das Selbst und die Seele zu finden, ist die Triebfeder, um stetig mehr Wissen anzusammeln und zu lernen, was die Seele einem mitzuteilen hat. Die Gewissheit, dass es eine innere Führung gibt und diese die beste Quelle für Antworten auf alle Fragen ist, stellt sich ein. Dadurch beginnt das Erwachen und das Interesse an den eigenen Aktivitäten der Seele, wodurch die Seele auch anfängt, sich für die Aktivitäten des Suchenden zu interessieren. Intuition ist die Stimme des höheren Selbst, das wiederum das Bindeglied zwischen der Seele und dem Anwärter auf dem Pfad der Selbst-Meisterschaft darstellt. Je mehr die Intentionen der Seele integriert und fokussiert werden, umso mehr ergreift die Seele Besitz von der Persönlichkeit und macht den physischen, den emotionalen und den mentalen Körper zum Gefährt, um das Bewusstsein der Liebe zu manifestieren. Der Kampf zwischen dem kleinen, trennenden Ich und der Stimme der Liebe ist allgegenwärtig und muss jeden Tag aufs Neue ausgestanden werden. Die Verlockungen und Ablenkungen der Gesellschaft und das Massenbewusstsein können einen Anwärter schnell vom Pfad und seiner Suche abbringen. Nur der ehrlich Suchende und beinahe Ertrinkende wird das Durchhaltevermögen besitzen, das man benötigt, um in die eigenen Tiefen und Schattenseiten zu steigen und die ewigen Wahrheiten zu ergründen, die in den Höllenqualen liegen, wenn man seinen Ängsten, seiner Ohnmacht und seiner Hilflosigkeit begegnet. Beharrlichkeit, Durchhaltevermögen und Disziplin zahlen sich aus. Das braucht man besonders dann, wenn man etwas müde wird und das Ziel aus den Augen zu verlieren droht.

Die Ebene des Geistes bringt eine holistische Denk- und Betrachtungsweise mit sich. Wir können uns mit allen Rollen identifizieren und tiefes Verständnis und Mitgefühl für die Menschen aufbringen. Wir erkennen uns in jedem Menschen, der uns begegnet, und anerkennen und achten somit die ewige Gleichheit, die uns allen zugrunde liegt. Wir sind nicht mehr damit beschäftigt, Wissen zu sammeln, sondern das verinnerlichte Wissen anzuwenden. Wir möchten am liebsten die ganzen Selbsthilfebücher in einem Freudenfeuer verbrennen, weil das Lesen durch die innere Führung und Weisheit des EINEN GEISTES ersetzt wurde. Lange Gespräche erscheinen sinnlos. Tatendrang und aktive Intelligenz sind die Triebfeder des Menschen im EINEN GEIST.

Wir sind uns der eigenen Macht in Gottes Schöpfung durchaus bewusst und uns vollkommen darüber im Klaren, dass die eigenen Gedanken und gesprochenen Worte eine enorme Kraft besitzen und wahrlich ganze Universen erschaffen. Ich identifiziere mich nicht mehr mit der Materie, sondern ausschließlich mit dem geistigen Aspekt des Lebens. Die Verblendung durch die physische Form wurde transzendiert und die Spirits, die aus den verschiedenen Programmen und Gedankenformen geschaffen wurden und durch die Menschen wirken, werden als Triebkraft anerkannt.

Wir sind uns der eigenen Schöpfungen bewusst und erleben deren Manifestationen beinahe augenblicklich. Wir erwachen vollkommen in der Ebene des ewigen Geistes, und es offenbart sich dadurch eine vollkommen neue Sichtweise auf das Leben und somit auch eine neue Vision für das eigene Leben. Wir nutzen große Mengen an Energie, um den planetaren Dienst zu meistern und der Menschheit zu dienen. Die eigenen Bedürfnisse haben sich auf die essenziellsten Dinge reduziert, da die Energie des Geistes immerzu eine vibrierende Lebenskraft zur Verfügung stellt, sodass man nicht mehr schnell ermüdet. Die Freude am Dienen ist jener Lohn, den man in die Ewigkeit trägt. Es gibt keine selbstsüchtigen Absichten mehr. Die eigenen Intentionen stimmen überein mit der göttlichen Blaupause, sodass ganze Welten zur Unterstützung daran arbeiten. Es ist ein Leichtes, zwischen dem individuellen Bewusstsein und der Totalität von allem, was ist, hin- und herzuwechseln und dadurch eine angemessene Sichtweise einzunehmen, die der Situation und Aufgabe dienlich ist. Die weltlichen Vergnügen und Ablenkungen verblassen im Glanz der Liebe zu Gottes Schöpfung. Der Quell der Befriedigung kommt ausschließlich von innen. Dadurch sind Friede und Gelassenheit das tägliche Sein und machen den Umgang mit den Menschen zu einer freudvollen Interaktion.

In der Ebene des Geistes zu erwachen, hat mir eine völlig neue Sichtweise auf das Leben und die Menschen beschert. Ich sehe, in welch ein gigantisches und komplexes Netzwerk ich eingebunden bin und staune demütig über Gottes Schöpfung. Das wertvollste Geschenk, das mir allerdings mit dieser Initiation zuteilwurde, war, dass ich das alleinige Streben und die Anstrengung, meine Ziele zu erreichen, loslassen konnte. Ich konnte mich dieser immensen Lebenskraft hingeben, die nur dadurch erwächst, dass alles selbstsüchtige Streben losgelassen und auf Gott vertraut wird. Ich sehe heute die Energie, die den Menschen zum Handeln antreibt und erkenne den Gedanken, der diesem Programm zugrunde liegt. Aus diesem Verständnis heraus erwächst tiefes Mitgefühl für die Wunden und Ängste unserer Zeit. Ich möchte diese Art von Leben und Wahrnehmung nicht mehr missen, denn sie lehrt mich Demut, Bescheidenheit, Gleichheit, Respekt und Akzeptanz.

Loslassen und Gott zulassen

Ich wusste vor meiner Zeit im Gefängnis nicht, was es bedeutet, Urvertrauen zu leben, obschon ich der Ansicht war, dass ich wirkliches Urvertrauen leben würde. Doch woher sollte ich es wissen, wenn ich niemals vom Leben herausgefordert werde, es zu demonstrieren. Heute weiß ich, dass man nur dann wirkliches Urvertrauen ins Leben haben kann, wenn man alles verliert, nichts mehr hat und dennoch darauf vertrauen muss, genau in jedem Augenblick das zu erhalten, was man wirklich benötigt. Wie konnte ich auch nur so arrogant sein und glauben, dass ich im Land des Wohlstands und Überflusses jemals demonstrieren könnte, was es bedeutet, Urvertrauen zu leben? Wenn mir das Essen ausging, dann machte ich mich auf in das nächste Einkaufsgeschäft und kaufte mir die Lebensmittel, die ich wollte. Ich konnte sicher sein, dass es die Lebensmittel, die ich gern kaufen möchte, auch wirklich gibt. Denn in der schönen Schweiz existiert so etwas wie »nicht im Sortiment wegen Knappheit« eigentlich nicht. Wenn ich mir etwas kaufen wollte, dann hatte ich das Geld zur Verfügung und konnte es bestellen oder im Geschäft einkaufen.

Im Gefängnis allerdings war es mir nicht möglich, in den nächsten Einkaufsladen zu gehen, um mir die Nahrungsmittel zu kaufen, die ich mir leisten wollte. Ich konnte auch nicht das essen, was ich gern wollte, sondern musste dankbar sein, wenn ich überhaupt etwas zu essen bekam. Es gab viele Tage oder Wochen, in denen ich nicht wusste, was ich essen sollte. Das Essen im Gefängnis bestand aus zwei Broten, etwas Butter und einem Zusatz aus Corned Beef, Pumpkin oder etwas Ähnlichem zum Frühstück und dasselbe zum Abendessen. Da ich krank wurde von diesem Brot, konnte ich es nicht essen. Zum Mittagessen gab es zwei Kartoffeln, Hülsenfrüchte und etwas Salat und Gemüse, wobei der Salat wegen Würmern lieber nicht gegessen werden sollte. Das war die einzige Mahlzeit, die ich zu mir nehmen konnte. Das Abendessen gab es um drei Uhr. Wer Besuch von Familie und Freunden erhielt, war mit dem Luxus gesegnet, Snacks aus der Kantine von ihnen mitgebracht zu bekommen. Doch als Insassin konnte ich nicht selbst im Gefängnisladen einkaufen gehen.

Ich hatte das Glück, dass wenigstens alle drei Monate das schweizerische Konsulat vorbeikam und mir Esswaren mitbringen konnte. Doch auch diese reichten nicht ewig und gingen bald aus. Meine Familie schickte mir ebenfalls Essenspakete, doch das war sehr teuer. So kam es, dass ich immer öfter nichts mehr zu essen hatte und auch nicht wusste, woher die nächste Mahlzeit kommen könnte. Betteln und andere Insassinnen fragen kam für mich aus dem einfachen Grund nicht infrage, weil ich niemandem etwas schuldig sein wollte. Im Gefängnis ist nichts, aber auch gar nichts umsonst.

Ich lernte in der Zeit, dass Engel überall existieren. Denn immer dann, wenn ich wirklich hungrig war, kam jemand vorbei, der mir eine Packung Kekse oder etwas anderes schenkte, oder es kam wunderbarerweise wieder ein Paket aus der Schweiz bei mir an, das mich für ein paar Wochen über Wasser hielt. Esswaren horten ging nicht, insofern konnte ich nie sicher sein, dass mein Essen niemals ausgehen würde. Doch ich lernte, darauf zu vertrauen, dass ich immer genau in dem Moment das erhalten würde, was ich brauchte. Dafür gab es keine große Planung. Das, was ich benötigte, tauchte meist von unerwarteten Seiten und zu einem überraschenden Zeitpunkt auf.

Ich lernte im Gefängnis zu beten, loszulassen und dem Leben zu vertrauen, denn ich hatte keine Kontrolle über mein Leben und was sich darin einfand oder fernblieb. Ich konnte einzig meine Reaktion kontrollieren und bedacht sein, dass ich mich in diesem Vertrauen aufhalten würde, damit ich durch meine Zweifel und Ängste nicht das, worum ich gebeten hatte, von mir fernhielt. Die Beweise, die mein Vertrauen festigten, folgten immer dann, wenn ich zu zerbrechen drohte, indem mir erneut vor Augen geführt wurde, dass es nicht in meiner Zeit, sondern in der Zeit geschieht, die das Leben als angemessen betrachtet. »Nicht meine Zeit, sondern Gottes Zeit« ist ein Ausdruck, den die Trinidadier gern verwenden, den ich adaptiert habe und heute in jedem Augenblick anwende, in dem ich erneut in mein altes Muster zurückfalle, alles zu kontrollieren und sofort zu erhalten wollen.

LEKTION:
Was Gott wirklich will

Die meiste Zeit des Lebens damit zu verbringen, herauszufinden, was Gott wirklich will und sich zu fragen, was der Sinn des Lebens ist, beschäftigt nicht gerade wenige Menschen. Aber was will Gott wirklich?

Ich bin mittlerweile zu der Einsicht gelangt, dass es nichts gibt, was Gott will. Ansonsten würden wir keinen freien Willen zur Verfügung haben, um unser Leben so zu gestalten, wie wir es uns wünschen. Ich hinterfragte das Bild, das die Menschheit sich von Gott macht, schon sehr früh in meinem Leben. Ich glaubte nicht, dass Gott ein bärtiger Mann ist, der im Himmel sitzt und zu einigen unserer Wünsche Ja und zu anderen Nein sagt, noch glaubte ich, dass Gott etwas wirklich wollen würde und darin versagen könnte, es auch zu erhalten. Wenn Gott so mächtig ist, wie wir alle glauben, dann müsste es (für ihn) doch ein Leichtes sein, uns so zu kontrollieren und dazu zu bringen, alles zu tun, was (er) möchte, dass wir machen. Natürlich kenne ich den Einwand, dass Gott uns den freien Willen gegeben hat, damit wir uns aus freien Stücken für den richtigen Weg entscheiden und so handeln, wie er das möchte. Doch dann wäre der freie

Wille kein freier Wille, sondern ein vorgeschobener Vorwand zur Manipulation.

Ich sehe hinter allen diesen Erklärungen nur eine Vermenschlichung Gottes. Gleichsam ist es leichter, sich der Selbstverantwortung zu entziehen, wenn man ein »höheres« Wesen hat, das einem diese Entscheidung abnimmt. Wozu dann noch selbst denken? Wozu dann noch eigene unabhängige Entscheidungen treffen?

Ich bin der Ansicht, dass Gott uns alles zur Verfügung gestellt hat, was wir brauchen, um selbstständig zu denken und unseren freien Willen umzusetzen. Ich bin auch der Überzeugung, dass allein durch die Erschaffung des Prozesses selbst, Gott alles erreicht hat, was er wollte, und dass damit der Prozess des Lebens sich selbst genügt, weil er beinhaltet, dass nichts jemals vollendet ist. Leben ist ein Prozess im Werden. Und da Gott sich selbst durch uns erfährt, ist es ein sich selbst fortwährend neu erschaffender Ausdruck des Lebens im Werden. Dadurch hat sich der ursprüngliche Wille bereits manifestiert und setzt sich weiterhin fort mit jeder Entscheidung, mit jedem Gedanken und jeder Handlung. Wir brauchen nicht mehr weiter nach dem Sinn des Lebens zu forschen und können uns stattdessen aufmachen und unserem Leben den Sinn geben, den wir glauben, dass es hat, da wir diejenigen sind, die unseren Erfahrungen jene Bedeutung zumessen, die sie letztendlich für uns haben. Unser Leben und seine Begebenheiten zu interpretieren, ist etwas sehr Persönliches und Intimes und steht meiner Ansicht nach nur dem Menschen zu, der die Erfahrung am eigenen Leib erlebt. Wer sonst sollte besser über unser Leben Bescheid wissen als wir selbst.

Zu glauben, dass es etwas gibt, das Gott von uns wollen sollte, obschon er/sie uns einen freien Willen geschenkt hat, bedeutet nur, dass wir in der Illusion verhaftet sind, dass Gott etwas wollen und dann daran scheitern könnte, es zu bekommen. Wenn Gott ein so machtvolles Wesen ist, wie wir ihm zuschreiben, dann wird es ihm möglich sein, alles von uns zu bekommen, wann und wie er es möchte. Doch dann wäre das Geschenk des freien Willens Lug und Trug, nicht wahr? Ich glaube, dass das, was wir wollen, auch das ist, was Gott will, denn wie bereits erwähnt, erschafft sich Gott durch uns in jedem Augenblick des Lebens selbst aufs Neue. Also warum machen wir uns nicht einfach daran und erschaffen eine neue, wunderbare Vision für unser Leben, die wir dann in die Tat umsetzen können? Dann würden wir die uns gegebene Zeit und das uns geschenkte Leben wenigstens aktiv und kreativ nutzen und etwas erschaffen, das vor uns vielleicht noch niemand gewagt hat. Machen wir uns doch auf und verwirklichen unsere leidenschaftlichsten Träume. Dieses Leben gibt es nur einmal. Genießen wir jeden Augenblick davon.

LEKTION:
Ich kann mir selbst nicht entkommen

Wenn ich genau hinschaue und die andere Person wirklich in ihrem ganzen Wesen sehe, dann kann ich einem anderen Menschen gegenüber keinen Hass empfinden. Ich entdecke tief in meinem Herzen immer Mitgefühl und Liebe für einen Menschen, der mich angreift. Menschen, die am lautesten schreien, sind jene, die am dringendsten Liebe benötigen. Nichts anderes begehrt ein Mensch mehr. Alle Menschen wollen gesehen, gehört und geachtet werden. Wenn diese Grundvoraussetzungen gegeben sind, dann ist der Baustein für ein friedvolles Zusammenleben gelegt.

Diese Grundsätze gelten allerdings nicht für das Leben hinter Gittern. Hier herrschen andere Gesetze. Je netter man einen Menschen behandelt, umso mehr möchte er von einem erhalten. Sie heften sich dann wie kleine Parasiten an dich und saugen dich aus, bis nichts mehr übrig bleibt. Nettigkeit wird gleichgesetzt mit einem Freibrief, ausgenutzt zu werden. Wer hier mit Nettigkeit etwas erreichen will, erreicht nur eines, nämlich eine gehörige Portion Scheiße ins Gesicht geklatscht zu bekommen.

Doch nichtsdestotrotz galt eines, aufmerksam und bewusst zu leben und keine meiner Themen und Ängste auf die Menschen um mich zu projizieren. Denn an diesem Ort kamen sie so schnell und gewaltig zu mir zurück wie ein Bumerang. Ich konnte mich in jedem Wutanfall, in jeder Träne, jedem Kampf, jedem hoffnungslosen, aggressiven, wütenden und verzagten Gesichtsausdruck wiedererkennen. Ich konnte mir selbst nicht entkommen, denn wohin ich auch blickte, ich sah immer einen Teil meiner selbst in den Frauen, die mich umgaben. Ich konnte mit ihnen weinen, lachen, schreien, kämpfen, verzweifeln und wieder aufstehen, denn ihr Schmerz, ihre Freude, ihr Leid und ihre Hoffnungslosigkeit waren auch meine.

Ganz stark erkannte ich mich in den Jugendlichen wieder. Wann immer ich sie unterrichtete oder mit ihnen arbeitete, sah ich mich als Teenager. Die gleichen Hoffnungen, Gedanken, Träume und Ängste wohnten auch in ihnen, die mich damals begleitet hatten. Die gleiche Suche nach Liebe und Anerkennung, die gleiche Wut und Enttäuschung darüber, von den Menschen, die man am meisten braucht und liebt, im Stich gelassen zu werden. Die gleiche Suche nach dem Sinn und Platz im Leben, und die gleiche Verwirrung darüber, ob man ihn jemals finden wird. Sie zeigten mir einen Teil, den ich schon längst vergessen hatte, und erinnerten mich abermals daran, dass ich mir selbst nicht entkommen kann.

Es ist unwichtig, an welchem Ort wir uns gerade aufhalten. Menschen gibt es überall und somit auch Spiegel, die uns unsere verschiedenen Aspekte zeigen und uns immer wieder daran erinnern, dass wir auch Schattenseiten und Schwächen haben. Wir möchten uns so gern immer von unserer besten Seite zeigen und allen eine heile Welt vorspielen. Wir möchten, dass möglichst alle Leute uns mögen und ihre Zustimmung geben. Aber das ist nicht ihre Aufgabe. Ihre Aufgabe ist es, den Bezugsrahmen zu liefern, innerhalb dessen wir einen Spielraum zum Erfahrungs- und Erkennungsaustausch haben. Dann führen wir den Tanz des Lebens gemeinsam auf. Wir können aufhören, unsere Themen und Erfahrungen auf andere Menschen zu projizieren und sie stattdessen als unsere eigenen anerkennen. Wenn wir uns in einem Menschen wiedererkennen, dann brauchen wir nicht gleich auf Kampfmodus zu schalten, sondern können stattdessen nach innen gehen und uns selbst im Spiegel betrachten. Sich selbst folgende Fragen zu stellen, ist empfehlenswert:

- Welchen Teil im anderen Menschen sehe ich und spiegelt er einen Teil meiner selbst wider?
- Warum stört mich das Verhalten, die Aussage oder Denkweise dieses Menschen so?
- Wo lebe ich in Verneinung und möchte mich selbst nicht erkennen?
- Wie kann ich mich selbst mehr lieben und damit auch den anderen Menschen besser annehmen?
- Welche Anteile in mir befinden sich im Widerspruch?

Wenn ich aufhöre, Fehler, Schuld und Verantwortung beim anderen zu suchen, dann bin ich bereit, mir selbst zu begegnen, mir die Hand zu reichen und mich mit jenem

Teil anzufreunden, den ich bis dahin immer abgelehnt habe. Ich schließe Frieden mit mir selbst in genau dem Moment, in dem ich aufhöre, mich auf den anderen Menschen zu fokussieren. Bei dem Menschen liegt nicht das Problem und auch nicht die Verantwortung für meine Gefühle und Gedanken. Aber er hat womöglich einen Knopf gedrückt und mir dabei geholfen, mich an etwas Wichtiges zu erinnern. Nur wenn wir bereit sind, in den Spiegel zu blicken, können wir das Geschenk annehmen, das in dieser Begegnung enthalten ist.

Egal wohin ich mich auch drehe und wende, ich kann mir selbst nicht entkommen. Ich kann versuchen, wegzulaufen und mich zu verstecken, aber das Leben wird mir die gleichen Lektionen und Themen so lange um die Ohren hauen, bis ich endlich bereit bin, mich ihnen anzunehmen und sie zu integrieren. Das Leben hat eine wundervolle und humorvolle Art, hartnäckig und beständig zu sein und uns genau das in genau dem Moment zu liefern, in dem wir es am meisten brauchen. Ich bin mir sicher, dass jeder diese Situation kennt, in der man sich über einen anderen Menschen fürchterlich aufregt. Man möchte ihn am liebsten an die Wand klatschen und fragt sich, wie man bloß so sein kann. Wenn wir uns selbst etwas genauer unter die Lupe nehmen würden, anstatt uns nur über den anderen aufzuregen, dann würden wir sicherlich eine Situation finden, in der wir genau das gemacht haben, was der andere Mensch jetzt macht. Und Karma drückt sich immer so aus, dass alles früher oder später zu uns zurückkehrt, damit wir uns diesmal beobachten können, wie ein anderer Mensch genau das macht, was wir damals gemacht haben. So haben wir die Chance, über unser Verhalten zu reflektieren und zu erkennen, wie der andere sich gefühlt haben muss, als wir uns damals auf diese Weise verhalten haben.

Wir können uns selbst nicht entkommen und erhalten immer die Gelegenheit, unser Verhalten neu zu überprüfen und gegebenenfalls Korrekturen vorzunehmen. Dadurch erschaffen wir uns die Freiheit, aus den Dramen in zwischenmenschlichen Beziehungen auszusteigen und die Beziehung zu anderen Menschen so zu nutzen, wie sie eigentlich gedacht war – als eine heilige Begegnung zweier Seelen auf Reisen.

Mediale Gaben schätzen lernen

Im Gefängnis lauern immer wieder Gefahren, die, wenn man seinen inneren Eingebungen nicht vertraut, in Schwierigkeiten enden können, wie zur falschen Zeit am falschen Ort zu sein. Auf die innere Stimme zu vertrauen, ist sehr wichtig. Einige Male saß ich an einem Tisch, als meine Eingebung mir sagte, dass ich aufstehen und gehen sollte. Kaum war ich am anderen Ende des Saals angelangt, brach genau an diesem Tisch ein Streit oder gar eine Schlägerei aus. Hätte ich diese Eingebung ignoriert, wäre ich mitten im Konflikt gewesen und vielleicht sogar in Mitleidenschaft gezogen worden.

Ganz besonders lernte ich zu schätzen, die vorherrschenden Energien empfangen, interpretieren und dementsprechende Vorbereitungen treffen zu können. Wenn das Gefängnis beispielsweise nach illegalen Gegenständen durchsucht wurde, dann wusste ich davon stets einige Tage vorher, weil ich es kommen sah. Nicht, dass ich etwas zu verstecken gehabt hätte, aber ich konnte mich mental darauf einstellen, dass meine Zelle durchwühlt und eventuell meine Nachtruhe gestört werden würde, wenn sie mitten in der Nacht zu einer Durchsuchung auftauchten. Wenn ein neues zu klärendes Programm mit heftigen Gefühlen die Insassinnen und Aufseherinnen ergriff, ratterte es bei mir normalerweise einige Tage früher durch. Ich lernte die Symptome und Auswirkungen kennen und konnte es für mich klären, ohne im Massenwahn zu versinken und mich in unnötige Dramen und Schlägereien zu verwickeln.

Das Sehen des wahren Gesichts eines Menschen und das Lesen zwischen den Zeilen hat mir geholfen zu erkennen, wann jemand mich anlog und seine wahren Absichten zu verstecken versuchte. Meist redeten sie mit mir und schmeichelten sich ein, wenn sie etwas von mir wollten, und ließen mich dann ein paar Tage später fallen wie eine heiße Kartoffel, nachdem sie bekommen hatten, was sie wollten. Vor allem wenn ich Besuch von meinem Konsulat bekam und mir Esswaren mitgebracht wurden, war ich umzingelt von vermeintlichen Freunden, die sich in Wirklichkeit nichts aus mir machten und mich nur ausnutzen wollten. Die Energie der Parasiten lernte ich sehr gut kennen und baute einen inneren Abwehrmechanismus auf. Dieser reichte sogar so weit, dass ich diejenige Person, die sich an mich heftete und mich aussaugen wollte, nicht einmal sah, selbst wenn sie mir geradewegs entgegenlief oder versuchte, mit mir zu sprechen, weil mein Körper einen automatischen Abwehrmechanismus aufbaute. Mein Körper schaltete auf komplette Abwehr.

Ein Gespür für Menschen zu bekommen, indem ihr Gefühl und ihr Empfinden zu meinem eigenen wurde, weil der Code der Einheit sich auf diese Weise in mir manifestierte, war eine wichtige und zugleich etwas erschreckende Erkenntnis. Nachdem ich diese Gabe integrierte und zu nutzen lernte, kam sie mir wirklich zugute, weil ich dadurch wusste, wie ich mit einem Menschen sprechen und mit ihm umgehen sollte, um zu ihm durchzudringen. In der Arbeit mit den Jugendlichen war das ein Geschenk, das ich jeden Tag aufs Neue lobpreiste. Denn mit Widerstand und mangelndem Verständnis machten sie dicht und ließen mich keine zehn Meter an sich heran.

Ein inneres Gefühl dafür zu haben, wann ungefähr sich etwas ereignen und wann die Aufseherin mich abholen kommen würde, ermöglichte mir, meinen Zeitplan strukturiert und effizient einzuteilen und nicht unnötige Zeit zu verschwenden. Zeit war das, was mir gegeben wurde und was ich dringend brauchte. Ich hatte keinen Tag zu verschwenden. Im Voraus zu spüren, was andere Menschen brauchten oder gerade wollten, hat sich in vielen Situationen als sehr vorteilhaft erwiesen. Beispielsweise wusste ich, dass eine Wärterin etwas trinken wollte, und fragte sie gleich, ob sie ein Wasser wolle. Worauf sie fragte, ob ich Gedanken lesen könne, weil sie gerade daran gedacht hätte. Worauf ich ihr sagte, dass ich das könne. Sie schaute mich etwas verdutzt an, ließ es aber dabei. Man kann Menschen äußerst wirksam dienen, wenn man ihre Gedanken auffängt, bevor sie sie überhaupt aussprechen. Dadurch ist man ihnen immer einen Schritt voraus.

Mediale Gaben sind ein Geschenk. Ein Geschenk, mit dem wir uns entweder in Fesseln legen – wenn wir sie im Bewusstsein der Trennung anwenden – oder wir uns von ihnen befreien – wenn wir die Einheit und Gleichheit erkennen, die uns mit allen Menschen verbindet und sie entsprechend anwenden. Zu Projektionen und Panikattacken kommt es immer dann, wenn wir uns vor negativen Energien schützen wollen und glauben, dass dunkle Kräfte uns herunterziehen, angreifen oder unser Energiefeld verschmutzen wollen.

Die heutige New-Age-Bewegung geht meinen Beobachtungen nach sehr stark in diese Richtung und lockt Menschen aus allen Altersklassen und Berufsständen an, um dabei zu helfen, die Felder zu reinigen und vermeintlichen Schutz gegen feindliche Energien zu geben, indem sie ein Lichtwesen anrufen, das höher steht. Sie verpassen jedoch dabei, dass Schattenwesen, das sie als dunkle Energie klassifizieren, in sich selbst anzuerkennen und zu erlösen. Sie missbrauchen die medialen Gaben, die sie als Lebensgeschenk mit auf den Weg bekommen haben, und locken Menschen mit ihren übernatürlichen Fähigkeiten an, indem sie ihnen versprechen, etwas zu sehen oder zu fühlen, das andere nicht sehen würden. Dadurch fördern sie eine Anhängerschar, die ihre persönliche Kraft an sie oder ein hohes Lichtwesen abgibt, und nehmen ihnen die Verantwortung für ihr persönliches Leben wie auch für ihr Karma ab.

Ein Ort wie ein Gefängnis bezeichnet man in der Esoterikszene als niedrigen oder dunklen Energieort, von dem man sich fernhalten oder sich gut schützen sollte. Ich kann diese Theorie aus eigener Erfahrung widerlegen, denn es gibt nichts, wovor ich mich zu schützen bräuchte, wenn ich meine eigenen Schattenseiten anerkannt und integriert habe. Das Gefängnis diente mir als perfektes Umfeld, um meine Mitinsassinnen als Spiegel und somit als Teil von mir selbst anzuerkennen. Es gibt kein Entrinnen. Ich sehe mich selbst überall und es gibt keinen Ort, an dem ich mich verstecken kann. Dunkelheit befindet sich in mir immer dann, wenn ich etwas verstecken möchte oder Angst habe. Und das wird unweigerlich ans Licht treten, da nichts auf Dauer im Verborgenen bleiben kann. Der Kampf von Gut gegen Böse existiert nur deshalb, weil wir nach wie vor glauben, dass Licht und Dunkel voneinander getrennt sind. Doch sie sind nur verschiedene Schattierungen der gleichen Energie. Wer legt die Regeln fest und sagt, dass etwas besser wäre als das andere? Wer sollte sich das Recht nehmen, überhaupt darüber zu urteilen?

Nur wenn ich weiterhin an der Klärung und Reinigung meines Bewusstseins arbeite, kann ich klar sehen und vermeide Projektionen. Ein klarer Filter sein kann ich nur dann, wenn ich meine eigene Dunkelheit umarme und in mir erlöse, und nicht, wenn ich meine eigenen Ängste und ungeklärten Themen auf andere projiziere. Bevor ich meine medialen Gaben wirklich schätzen lernte, war ich viel zu sehr im Bewusstsein der Trennung und in meine eigenen Ängste verstrickt, sodass sie mich überforderten und zum Nachteil gereichten.

Heute habe ich keine Angst mehr. Ich weiß jetzt, dass das, was ich in anderen Menschen sehe, was ich fühle und die Gedanken, die ich höre, genau so meine sind wie ihre. Dafür danke ich ihnen. Sie sind meine Spiegel und zeigen mir die Wahrheit immer, manchmal leiser und manchmal etwas lauter.

Zwischenmenschliche Beziehungen

Menschen kommen und gehen. Nur die Liebe bleibt bestehen. Sie alle halten ein Geschenk in ihren Händen. Manchmal sind es neue Welten, die sich auftun, und manchmal alte, die enden. Sie alle sind Teile unseres Selbst, doch nicht immer wollen wir sehen, was sich hinter der Form verbirgt. Akzeptanz, Integration und allumfassende Liebe sind jene Stadien, die wir durchlaufen, bis wir letztendlich erkennen, dass sie alle zu uns gehören und der EINE GEIST alles ist, was es gibt.

Zwischen uns gibt es keine Trennung. Es ist unser kleines verletztes Ich, das die Wände hochzieht und uns glauben lassen möchte, dass wir vereinzelte Wesen sind. Doch zwischen uns gibt es keine Unterschiede. Im Herzen sind wir alle gleich, mögen die Unterschiede in Form, Gedanke und Ausdruck auch noch so unterschiedlich sein. Dunkelheit und Licht sind nur unterschiedliche Grade derselben Einheit. Es gibt nichts, wovor ich mich zu fürchten oder zu schützen brauche. Die Wahl treffe ich, mein Sein kommt von innen. Mein inneres Leuchten versiegt niemals, mögen die Schatten im Außen noch so schwer sein. Sie alle gehören zu mir, sind

Teile meines Selbst und wollen geliebt und integriert werden. Es gibt kein Entkommen von diesem Ort. Himmel und Hölle sind in mir. Selbst wenn ich in die physische Freiheit entlassen werde, bin ich die Schöpferin meiner Welt. Mein Sein wird nicht durch äußere Bedingungen bestimmt. ICH BIN FREI – INNERHALB UND AUSSERHALB DIESER MAUERN. Ich bin nicht mehr von Menschen abhängig. Sie sind Teile meines Selbst – sie kommen und gehen, aber bleiben in meinem Herzen für immer bestehen.

Tagebucheintrag vom 24. 8. 2014

Ich bin allein in einer Zelle. Meistens in meiner eigenen Welt, ohne Kommunikation im Außen. Es gibt nichts, was ich derzeit zu sagen hätte. Niemanden, den ich gern kennenlernen möchte. Unsere Absichten unterscheiden sich in vielfacher Weise, die Themen unserer Gespräche würden sich niemals finden. Und je mehr ich mich in mich selbst zurückziehe, umso weiter expandiere ich in die inneren Welten.

Derzeit habe ich keinerlei Raum für andere Menschen. Vielleicht habe ich damit alle von mir weggestoßen. In diesem Gefängnis offenbaren sich die nächsten Schritte in meinem Leben auf ganz eigene Art und Weise, einfach indem sich alles aus meinem Raum entfernt, was nicht mehr dazugehört. Ich scheine nicht einmal mehr eine bewusste Entscheidung zu treffen, weil das

Leben selbst diese Entscheidungen bereits für mich getroffen hat. Ich sollte mich nur noch dem Fluss hingeben, der mich in ein neues Morgen trägt. Ich weiß nicht, wie das aussehen soll, doch ich verinnerliche eine wichtige Lektion …

LEKTION:
Versprechen für die Ewigkeit werden gegeben, um gebrochen zu werden

Ein Versprechen bindet uns an den Menschen, dem wir das Versprechen gegeben haben. Wir werden so lange nicht frei und an diese Versprechen gebunden sein, solange wir sie nicht eingehalten haben. Besonders schwierig wird es bei Versprechen für die Ewigkeit. Wie wollen wir jemandem ein Versprechen für die Ewigkeit geben und gleichzeitig unsere Freiheit erschaffen, wenn uns dieses Versprechen an diesen Menschen bindet? Wer nach einem freien und selbstbestimmten Leben strebt, der wird irgendwann zu der Erkenntnis gelangen, dass Versprechen für die Ewigkeit gegeben werden, um gebrochen zu werden.

Wie kann ich einem Menschen ein Versprechen für die Ewigkeit geben, wenn ich nicht weiß, wie die Ewigkeit aussehen wird? Wie soll ich meine Jahre so weit vorausplanen und mit Sicherheit sagen können, was noch kommen mag? Ist es nicht vielleicht so, dass wir aus dem Bedürfnis nach Sicherheit heraus ein Versprechen für die

Ewigkeit abgeben? Eine Sicherheit, die verlangt, dass wir niemals verlassen werden und sicher sein können, dass der andere Mensch zu uns hält durch gute und schlechte Zeiten?

Allzu oft wünschen wir uns diese Sicherheit nur, weil wir geliebt werden möchten und uns gegen Veränderungen sträuben, da das Unbekannte zuweilen beängstigend sein kann. Wenn wir von einem geliebten Menschen das Versprechen erhalten, dass er ewig bei uns bleiben wird, dann können wir uns etwas entspannen und uns vielleicht dem anderen Menschen gegenüber etwas mehr öffnen.

Ich glaube, Vertrauen können wir nicht schaffen, indem wir einen Menschen an uns binden, sondern eher indem wir die Kraft in uns anzapfen, um mit allen Veränderungen des Lebens fertig zu werden. Wenn wir diese Kraft in uns finden, dann brauchen wir auch kein Versprechen für die Ewigkeit, weil wir wissen, dass wir mit allem fertig werden, ganz gleich, was das Leben für uns bereithält.

Dann gibt es ein weiteres Prinzip, das wir uns zu eigen machen können. Das Universum dehnt sich aus, und das bedeutet für unser Wachstum, dass auch wir uns ausdehnen und stetig weiterentwickeln. Wir können sicher sein, dass alles, was uns das Leben bringt, eine Verbesserung, eine Ausdehnung und Erweiterung dessen ist, was vorher war. Denn das Leben bringt uns immer genau das, was wir wirklich brauchen, um die zu sein, die zu sein wir gewählt haben. Warum sollen wir einem

Menschen ein Versprechen für die Ewigkeit abverlangen und das Leben in seinen vielen Ausdrucksmöglichkeiten beschränken? Das Leben hat Humor und zeigt uns immer wieder auf seine Art und Weise, dass es weiß, was wir gerade brauchen. Wir sehen mit unserer beschränkten Sichtweise meist nicht so weit, wie das Leben es vermag. Letztendlich steckt hinter jedem Wunsch das Bedürfnis, Liebe zu erfahren. Wir können dieses Gefühl in uns anzapfen, indem wir lernen, uns bedingungslos selbst zu lieben und mit der Sichtweise unserer Seele eins zu werden, die uns immerzu mit den Augen der Liebe betrachtet.

Die Welt des Unsichtbaren sehen

Bevor sich etwas in der materiellen Welt manifestiert, ist es in der geistigen Welt bereits sichtbar. Wir können die Tendenzen immer dadurch feststellen, dass wir einen Blick in die geistige Welt werfen, um zu sehen, was sich als Manifestation anbahnt. Wenn wir lernen, die Matrix zu lesen, ob durch fühlen, sehen, Informationen sammeln oder riechen, dann haben wir ein mächtiges Werkzeug zur Hand, das uns auf vielerlei Art und Weise Freiheit schenkt. Ohne direkten Zugang zur spirituellen Welt und zum Hologramm sind wir immer auf unseren Verstand und somit auf das lineare Denken angewiesen, das Raum und Zeit mit einschließt und in Vergangenheit, Gegenwart und Zukunft denkt. Das holografische Denken hingegen ermöglicht uns, einen direkten Zugang zur unmittelbaren Lösung für ein Problem zu erhalten und diese auch für uns zu erschließen. Das erspart uns eine Menge Zeit und Energie. Wir brauchen nicht mehr endlos lange Recherchen zu führen oder uns tausendmal ein und dieselbe Sache zu überlegen oder zur falschen Zeit am falschen Ort zu landen. Wenn wir an die Matrix angeschlossen sind, dann wissen wir intuitiv immer genau, was wir zu welchem Zeitpunkt zu machen haben.

Diese Intuition kann man sich antrainieren, indem man immer auf das erste Gefühl vertraut, die erste Idee aufgreift, die kommt, und nicht weiter nachdenkt. Sobald man beginnt, nachzudenken, schaltet man den Verstand ein und sucht nach alten Schablonen und Mustern, die man auf die derzeitige Situation anwenden kann, und die einem eine Erleichterung oder Lösung verschaffen soll. Etwas Neues und Innovatives kann dabei allerdings nicht entstehen, denn alles, was uns der Verstand anbieten kann, sind Muster, die er bereits kennt.

Im Gefängnis kam mir meine Medialität unglaublich gelegen. Ich schaute mir stets das Energiefeld des Gefängnisses an und sprach mit den »Geistern«. Ich wusste, was ihre Absicht war und wie sie sich manifestieren würden, um neuerliches Chaos zu erzeugen. Ich spürte ein aufbauendes Energiefeld, das in Streit oder einer Schlägerei ausartete, noch bevor es tatsächlich geschah, und konnte mich daher entfernen, bevor der Ärger richtig losging. Dadurch gelang es mir, mich aus Schwierigkeiten und Schlägereien herauszuhalten.

Ich wusste außerdem stets im Voraus, wenn sich mir eine Insassin nähern wollte, um etwas von mir zu bekommen, weil sie energetisch bereits zuvor durch einen Traum mit mir Kontakt aufgenommen und mir ihre Gedanken und Absichten preisgegeben hatte. Dadurch hatte ich Zeit, mich auf das Kommende vorzubereiten und die notwendigen Maßnahmen zu ergreifen, die mich beschützt und behütet in meiner Welt verweilen ließen.

Das Schlimmste, was passieren konnte, war, wenn der eigene Name in irgendwelchen Problemen, Ärgernissen und Vorkommnissen genannt wurde, in die man nicht verwickelt war – zum Beispiel illegale Aktivitäten wie Mobiltelefone oder Drogen oder Geschichten mit anderen Frauen. So oder so hatte ich immer ein energetisches Chaos und stets jemanden, der an mein Feld anklopfte, wenn mein Name fälschlicherweise in einem dieser Geschichten genannt wurde. Genau aus diesem Grund las ich das Feld und bereitete mich auf anbahnende Ärgernisse mit der nötigen Abwehr vor, damit ich meinen Frieden wahren konnte und nicht meine Energie auf Unwichtigkeiten verschwenden musste.

In der geistigen Welt sah ich zumeist den Grund für vorherrschende Schwierigkeiten und Ärgernisse. Es war niemals nur der oberflächliche Konflikt oder eine Aussage einer Insassin oder Wärterin das Problem, sondern es hatte sich ein ganzes energetisches Feld mit einem bestimmten Programm aufgebaut und deren »Geist« suchte sich die Gefäße, die durch ihre Gedanken und Gefühle einen perfekten Resonanzboden lieferten, damit sie sich austoben konnten. Dadurch, dass die meisten Insassinnen ihre Gedanken nicht kontrollierten und ihrer Wut freien Lauf ließen, luden sie auch das ganze Energiefeld auf ihre Matrix und damit alle Probleme, Konflikte, Gedanken und Gefühle, die damit einhergingen. Etwas, was man sich sicherlich hätte ersparen können,

wenn man bewusst und absichtsvoll seinen Tag gestalte-
te und lernte, sein Feld vom breiten Massenbewusstsein
und der vorherrschenden Energie im Gefängnis abzu-
grenzen. Wenn eines gewiss war, dann, dass immer ein
neues Drama aufkommen und etwas Gutes stets in etwas
Negatives verwandelt werden würde, weil die selbstzer-
störerische und versklavende Energie an diesem Ort so
stark war, dass alles Gute bereits im Keim erstickt wurde.

Der einzige Weg, damit ich an diesem Ort überleben
und mein inneres Licht bewahren konnte, war, mich in
meine eigene Welt zu flüchten und meine Gabe des Se-
hens in die geistige Welt zu nutzen, um mich abzugren-
zen und zu schützen, wo es nötig war. Das gab mir jene
innere Freiheit, die mir niemand nehmen konnte und
die ich mit allem, was ich hatte, verteidigte, wenn jemand versuchte, mich in Schwierigkeiten oder Ärger zu
verwickeln. Im Gefängnis lauern immer wieder Gefahren, die, wenn man seinen inneren Eingebungen nicht
vertraut, in Schwierigkeiten enden können, wie zur falschen Zeit am falschen Ort zu sein. Auf die innere Stimme zu vertrauen, ist sehr wichtig.

Ich kann nichts allein – das Wirken der Gemeinschaft

Im Gefängnis wurde mir immer wieder verdeutlicht, dass ich nichts allein bewältigen kann. Das Leben in einer so großen Gemeinschaft erfordert, dass alle mit anpacken und einander helfen. Ganz besonders fasziniert hat mich die Zusammenarbeit der Frauen, wenn es eine große Veranstaltung im Gefängnis gab. Da wurde gekocht, geputzt, die Anlage schön vorbereitet und fleißig umhergewuselt, damit alles in bestem Zustand und ordentlich vorbereitet war, wenn die Gäste eintrafen. Überall, wo man hinschaute, waren Insassinnen und Aufseherinnen damit beschäftigt, die Veranstaltung zu einem großen Erfolg zu machen.

Bevor ich ins Gefängnis kam, war ich ziemlich ausgebrannt. Das lag unter anderem daran, dass ich meistens alles allein bewältigte und keine Hilfe akzeptierte. Das führte wiederum dazu, dass ich kaum mehr abschalten konnte und selbst dann, wenn ich nicht aktiv arbeitete, mit meinem Kopf bereits bei den nächsten Erledigungen war. Mental bewegte ich mich stets auf Hochtouren und durchdachte alle Pläne, um den Anforderungen des Lebens gerecht zu werden. Wirklich leben kann man das nicht nennen.

Als ich verurteilt wurde, ist diese ganze Last von mir abgefallen und ich konnte das erste Mal richtig durchatmen. Ich konnte im Augenblick ankommen und mich bewusst auf nur die Aufgabe konzentrieren, die ich gerade ausführte. Dadurch gelang es mir, in der Gegenwart zu bleiben. Ich stellte fest, dass, sobald ich mich aus dem Gewahrsein in meinen Verstand bewegte und über etwas nachdachte, anstatt meinen Fokus ausschließlich auf meine Aufgabe auszurichten, sich eine enorme Unruhe in mir auslöste, die mich aus meiner Mitte warf. Ich fühlte mich überfordert und gestresst. Also lernte ich durch bewusstes Atmen und Fokussieren auf meine Aufgabe, wieder bewusst im Jetzt anzukommen. Je öfter es mir gelang, meinen Verstand mit seinem endlosen Geplapper außen vor zu lassen, desto längere Phasen des inneren Friedens durchlief ich.

Ich lernte, Aufgaben abzugeben und nach Hilfe zu fragen, wenn ich sie brauchte, und zwar deswegen, weil die Menschen dort gern halfen und füreinander einstanden, wenn es erforderlich war. Ich hatte nicht das Gefühl, jemandem zur Last zu fallen. Es war üblich, hart zu arbeiten, und durch die physische Aktivität blieb keine Zeit, sich unnötige Gedanken zu machen. Ich genoss es richtig, mich einer Aufgabe zu widmen und gemeinsam mit anderen etwas auf die Beine zu stellen. Ich erkannte, dass ich nichts allein bewältigen kann und die großen Aufgaben im Leben die Zusammenarbeit von vielen Menschen erfordern, die ihr Bestes geben. Jeder kannte seinen Aufgabenbereich und wusste genau, was zu tun war. Ich begriff, wie eine Institution funktioniert, weil ich durch den Status einer vertrauenswürdigen Insassin (Orderly) Einblick erhielt, wie es hinter den Kulissen abläuft und welche Aufgaben die Aufseherinnen zu erledigen hatten.

Das Gefängnis ist militärisch organisiert. Das bedeutet, dass man aufsteigen und immer höhere Ränge besetzen kann, wenn man dafür qualifiziert ist und bereits einige Jahre im Dienst abgeleistet hat. Je höher in der Rangordnung jemand steht, umso weniger macht diese Person tatsächlich. Man ist damit beschäftigt, Administratives zu erledigen und sich um den Papierkram zu kümmern, da wichtige Entscheidungen die Bewilligung einer Aufseherin von höherem Rang erforderten. Dementsprechend lange dauerten solche Entscheidungen auch, weil sie verschiedene Instanzen durchlaufen mussten, bis man eine Zustimmung oder Ablehnung erhielt. Sich aus seinem Aufgabenbereich in den einer anderen Aufseherin einzumischen, bedeutete Krieg. »Know your place« war einer der Grundsätze im Gefängnis, nach denen die Ordnung aufrechterhalten wurde. Grenzüberschreitungen und Verantwortungen anderer Menschen zu tragen, habe ich mir abgewöhnt. Ich weiß jetzt, dass das Wirken der Gemeinschaft tatsächlich funktioniert, weil ich erlebt habe, dass viele Menschen zusammenkommen und ihr Bestes geben können. Das gibt mir Freiraum und Luft zum Atmen.

Was ist also das Wichtigste, um das Wirken der Gemeinschaft zu manifestieren?

Man sollte seine Stärken und Schwächen kennen und einen Platz in der Gemeinschaft einnehmen, der diesen gebührt. Die erforderlichen Aufgaben sollten nach bestem Wissen und Gewissen ausgeführt werden und die Aufgaben, die den eigenen Kompetenzbereich überschreiten, sollten an die Menschen weitergegeben werden, die wirklich dafür zuständig oder kompetent genug sind, sie auszuführen. Wenn gerade niemand da ist, dann könnte die Aufgabe so lange warten, bis jemand da ist. Menschen in Führungspositionen delegieren so viele Aufgaben wie möglich an die Menschen, die für die aktiven Tätigkeiten zuständig sind und ihnen unnötiges Kopfzerbrechen oder zeitraubende Dinge abnehmen können. Für eine endlos lange Liste steht einem nur ein gewisser Zeitraum zur Verfügung, in dem man sie bewältigen kann. Wenn von Anfang an alle Aufgaben auf der Liste an die Menschen delegiert werden, um die sich auch jemand anderes kümmern kann, dann wird es leichter und absehbarer zu bewältigen sein. Ein Tag hält so viele unerwartete Überraschungen und noch zu erledigende Aufgaben bereit, dass man immer darauf eingestellt sein sollte, dass noch etliche Punkte mehr hinzukommen, die erfüllt werden sollten. Mit einem starken Team, in dem jeder/jede seinen/ihren Platz kennt, lassen sich die Anforderungen und Aufgaben des Tages leichter bewältigen.

LEKTION:
Zum Wohle des Ganzen

Im Gefängnis bekam ich die direkten Auswirkungen zu spüren, wenn nur ein Mensch selbstsüchtig gehandelt und gegen die Regeln verstoßen hat. Es wurden alle dafür bestraft und Sanktionen erlassen, die für die Insassinnen, die nichts mit dem Verstoß zu tun hatten, sehr schwer und auch ungerecht waren. Die extremste Auswirkung bekamen wir zu spüren, als bei allen verurteilten Insassinnen die Zellentüren wieder montiert und der Zugang zu den Toiletten nach Verriegelung um 17 Uhr nicht mehr möglich war. Man war dann eigentlich rund um die Uhr eingesperrt und das alles nur, weil eine Insassin sich nicht im Griff hatte und eine Aufseherin verprügelte, bis Blut geflossen war. Was auch immer ein einzelner Mensch tut, wirkt sich auf alle aus. Eine Kette ist immer nur so stark wie ihr schwächstes Glied. Was wäre, wenn jeder Mensch das Gleiche machen würde wie ich? Wie würde die Welt dann aussehen? Das ist eine Frage, die mich auf dem richtigen Kurs hält und mit der ich überprüfe, ob meine Handlungen dem Allgemeinwohl dienen oder nicht.

So, wie ich mich selbst behandle, behandle ich andere Menschen. Wir sind untrennbar miteinander verbunden im Spiel der Projektion. Wenn ich mich selbst nicht liebe, glaube ich auch nicht, dass ich liebenswert bin und andere Menschen mich lieben. Wenn ich also dem Allgemeinwohl dienen möchte, dann erreiche ich das dadurch, dass ich mich selbst liebe und gut behandle.

Wenn ich mich um mich selbst kümmere und auf jeder Ebene integriert und balanciert lebe, dann gerate ich nicht aus dem Gleichgewicht, wenn das Leben mir Herausforderungen und Lektionen bringt, die es zu meistern gilt. Ich mache auch die anderen Menschen nicht dafür verantwortlich, was in meinem Leben geschieht, da ich weiß, dass das, was ich aussende, tausendfach wieder zu mir zurückkehrt. Ich betrachte jede Lektion als Möglichkeit, noch mehr an meinem Bewusstsein zu arbeiten und meine Sichtweise so auszurichten, wie es meiner Seele entspricht.

Erleuchtung ist kein Zustand, der sich im Außen manifestiert und mir die perfekten Bedingungen liefert wie eine Welt voller Frieden und Liebe. Es ist ein Zustand, in dem mein Bewusstsein ungeachtet der Umstände nichts anderes liefert als Friede und Liebe. Ein Resultat im Außen bewirken zu wollen, bedeutet nur, dass ich diesen Zustand noch nicht in mir aufrechterhalten kann. Denn wenn ich etwas manipulieren möchte, um etwas zu bekommen, dann zeige ich damit nur, dass ich noch nicht habe, was ich gern möchte.

Uns ist allen klar, dass wir einen Seinszustand nicht besitzen, sondern dass wir nur einen Zustand manifestieren können, indem wir ihn SIND. Wir können unsere Umwelt nicht manipulieren und die Menschen so weitgehend kontrollieren, damit sie das verkörpern, was wir selbst wünschen zu sein. Wenn wir jemand anderen dazu bewegen wollen, sich so zu verhalten und der zu sein, wie wir es uns wünschen, dann drücken wir damit nur aus, dass uns das fehlt, was wir eigentlich wollen, und wir werden es niemals manifestieren können. Wenn wir jedoch selbst die Veränderung sind, die wir in der Welt herbeisehnen, dann nimmt der Kampf ein Ende und wir tragen wirklich zum Wohl des Ganzen bei! Wir gereichen dem großen Ganzen dann zum Segen, wenn wir uns ihnen zum Geschenk machen und die großartigste Vision unseres Selbst manifestieren, die wir zu erträumen vermögen.

Der Geist »Bacchanal«

Wir werden stets nur das anziehen können, was wir in uns tragen. Was immer wir denken, das sind wir, denn das werden wir in allem und jedem sehen, das/der uns begegnet. Wir werden nicht imstande sein, über den Tellerrand zu schauen, wenn wir unseren Horizont nicht erweitern. Wir sind uns meist nicht bewusst, dass wir durch unsere Gedanken lebende Energiewesen erschaffen, die sich im Universum auf eine magnetische Suche machen und weitere Wesen anziehen, die unserem bereits bestehenden Programm entsprechen. Die Menschen und Umstände werden sich nicht verändern können, solange wir noch die entsprechenden Programme in uns tragen, die diese Kräfte am Leben erhalten. Wahre Heilung findet immer im Bewusstsein statt.

Wir können keine Veränderung im Außen erzwingen, aber wir können beginnen, unseren Geist und Emotionalkörper so weit zu neutralisieren, dass wir allen Müll und alle Altlasten entfernen, die nicht einem selbstverwirklichten Menschen entsprechen, und unser Zellgedächtnis mit dem Staunen und der Achtung für die Schönheit des Lebens füllen. Wenn wir anderen Menschen nicht vergeben und stets in Erinnerung behalten, was sie uns alles Schreckliches angetan haben, werden wir niemals wirklich frei sein. Und rate, ja, wir werden die entsprechenden Menschen und Situationen in unser Leben ziehen, die jener Schwingung entsprechen, die all diesen Dramen zugrunde liegt. Diese Negativität der Schuldzuweisung wird unsere Schwingung niedrig halten. Wir werden niemals frei sein.

Wahre Freiheit findet in unserem Geist statt. Wenn wir unseren Geist von den inneren Fesseln befreien und alle Schuldzuweisungen, alle negativen Sichtweisen, alle Traumas und Verletzungen loslassen, werden wir diese Menschen und Erfahrungen auch nicht mehr in Erinnerung behalten.

Den Ausspruch »ich vergebe, aber ich vergesse nicht«, erachte ich als unwahr. Aus meiner persönlichen Erfahrung und der Arbeit an mir sowie meinen Klienten kann ich sagen, dass wir, wenn wir diese Negativität aus unserem Zellgedächtnis entfernt, wir vergeben und das Ereignis vergessen haben, erst dann frei davon sind. Wir tragen diesem Menschen nichts mehr nach und werden demnach jene Erfahrung vergessen, die wir einst schmerzlich oder nachtragend in Erinnerung behalten haben. Solange wir noch eine emotionale Reaktion in uns wahrnehmen, wenn wir an ein bestimmtes Ereignis denken, haben wir noch nicht losgelassen. Wir haben die »Löschtaste« noch nicht betätigt. Hätten wir das getan, dann wären wir der aufkommenden Erinnerung gegenüber neutral und spürten weder Widerstand noch Schmerz.

Ein Thema wird uns immer und immer wieder begegnen, solange wir noch das entsprechende Programm in uns tragen, das es erschafft. Wie innen, so außen. Wir werden niemals Kräfte besiegen können, indem wir sie im Außen bekämpfen. So lange wir noch der Überzeugung sind, dass irgendein Teil, den wir wahrnehmen, nicht auch in uns existiert, leben wir in Verblendung. Das Bewusstsein der Trennung möchte uns immer vorspiegeln, dass es die anderen sind, die sich ändern müssen, und die sich in einem bestimmten Muster verhalten, das aber nichts mit uns gemein hat. Was sollen wir dagegen tun, dass dieser Mensch uns so behandelt? Was habe ich bloß getan, dass ich so behandelt werde?

Im Gefängnis sah ich diese Art von Beispielen tagtäglich sehr deutlich. Ich beobachtete die Wärterinnen und Insassinnen und stellte fest, dass sie sich gern gegenseitig bekämpften, herunterzogen und verurteilten. In vielen Situationen erlebte ich, dass eine Person über eine andere schlecht geredet und sie ausgeschlossen hat. Als dieser Person dann das Gleiche einige Monate später widerfahren ist – dieses Mal war es die Person, die zuerst ausgeschlossen und schlechtgemacht wurde –, trat eine gewaltige Entrüstung zutage. Diese erste Person konnte einfach nicht begreifen, wie ihr so etwas widerfahren kann, wo sie doch nichts getan hat, um das zu verdienen. Sie vergaß vollkommen, dass sie selbst einige Monate zuvor genau das, was eine Mitinsassin ihr angetan hatte, einer anderen Insassin angetan hatte, und dass das Karma ihr nun eine Faust dick ins Gesicht schlug.

Es gibt diesen einen Geist im Gefängnis von Arouca und sie haben ihm sogar einen Namen gegeben. Er heißt Bacchanal und bezeichnet jede Art von Drama und Auseinandersetzung. Es ist klar, dass diese Art und Weise des Miteinanders und wie die meisten Insassinnen sich gegenseitig behandeln dazu geführt hat, dass sie diesen Geist, diese Matrix immer wieder aktivieren und am Leben erhalten. Und wenn sie sich einmal in dieses Programm eingeklinkt hatten, dann gab es kein Halten mehr. Kein Argument hat etwas gebracht, denn jeder dachte, im Recht zu sein, und zog die Auseinandersetzung unnötig in die Länge. Unfähig zu erkennen, dass sie selbst die Ursache dieser Auseinandersetzung waren und so durch ihre Gedanken und Gefühle die Matrix fütterten und dem Geist erlaubten, durch sie zu wirken. Weil ich darum wusste, habe ich auch gelernt, nichts persönlich zu nehmen und das Wesen, die Matrix hinter allem zu sehen, die diese Menschen zum Handeln antreibt.

LEKTION:
Die Energie treibt die Menschen
zum Handeln an

Wir befinden uns in einer weiteren Verwirrung, nämlich der, dass wir es sind, die aus uns selbst heraus handeln. Die Wahrheit jedoch ist, dass die meisten Menschen Marionetten der vom negativen Ego angetriebenen Kräfte sind. Das Unterbewusstsein, das innere Kind, das Massenbewusstsein, die negativen astralen Wesenheiten, die Begierden des negativen Egos etc., das alles sind Kräfte, die die meisten Menschen zum Handeln antreiben und nicht die eigene innere Absicht. Es ist die Energie, die unserer Schwingung entspricht und das entsprechende Wesen anzieht, das uns zum Handeln antreibt. Das Universum ist so viel größer und umfassender, als wir es uns vorstellen können. Jeder Gedanke, jedes Gefühl und jede Handlung zieht die entsprechende Energie an, die dann durch uns wirken wird.

Sobald immer jemand dich angreift oder verletzt, verurteile die Person nicht dafür, sondern zeige Verständnis und wisse, dass eine gewaltige Kraft am Wirken ist, dessen sich dieser Mensch wahrscheinlich nicht bewusst ist. Hilf diesem Menschen zu verstehen, dass seine Gedanken dazu beitragen, dieses Wesen am Leben zu erhalten und es zu nähren. Wir können dem Menschen am besten helfen und dieses Wesen nicht mehr weiter nähren, wenn wir Verständnis und Liebe aufbringen und unseren falschen Stolz außen vor lassen. Es bringt nichts, uns in eine Auseinandersetzung zu verwickeln, wenn wir genau wissen, dass dies nur die Energie nähren wird, die wir im Keim ersticken wollen. Und dann kehren wir wieder zum gleichen Kreislauf zurück.

Jede Energie, ob wir sie mögen oder nicht, ist Teil des großen Ganzen und damit Teil unseres Selbst. Wenn wir einen anderen Menschen ablehnen, dann lehnen wir auch einen Teil von uns selbst ab. Wir glauben zwar, dass es um unsere Mitmenschen geht, aber in Wahrheit spiegeln sie uns immer nur einen Teil unseres Bewusstseins wider, den wir vielleicht einmal gelebt haben oder irgendwann noch leben werden. Wenn wir uns in Liebe und Mitgefühl üben, dann bringen wir Verständnis auf für die Menschen, die Programme einer bestimmten Bewusstseinsebene leben, die wir schon längst hinter uns gelassen haben, auch wenn wir wissen, dass wir uns selbst einmal an ihrer Stelle befunden haben. Dann ist uns auch bewusst, dass es die Energie dieses Programms war, die uns damals zum Handeln angetrieben hat. Genau so verhält es sich heute auch mit den Programmen einer erweiterten Bewusstseinsebene.

Wenn wir uns unserem Atem hingeben und tief fallen lassen, sodass wir vollkommen eins werden mit ihm, dann merken wir an einem bestimmten Punkt, dass wir nicht mehr atmen, sondern geatmet werden. Wenn wir uns mit dieser allumfassenden Lebensenergie verbinden, dann gelangen wir zu der Erkenntnis, dass wir nichts allein bewältigen und aus eigener Kraft schaffen müssen, denn dieser Strom des Lebens trägt uns überallhin, und die Informationen, die wir benötigen, stehen uns augenblicklich zur Verfügung, um die Lösungen zu finden, die wir brauchen. Es ist immer die Energie des ihm enthaltenen Programms, die uns zum Handeln antreibt. Ohne sie wäre Leben nicht möglich. Wir haben lediglich die Wahl, welcher Energie wir erlauben, sich durch uns zu manifestieren. Solange wir keinen bewussten Klärungsprozess unternehmen, um die Programme des negativen Egos, des Unterbewusstseins, des inneren Kindes, des

Massenbewusstseins, der astralen Welt etc. aufzulösen, die uns daran hindern, wirklich als freier Schöpfer unsere Welt zu erschaffen, so lange werden wir auch niemals frei sein, zu handeln, zu denken und zu fühlen, wie wir möchten.

Wenn wir wieder einmal versucht sind, einen Menschen wegen seiner Handlungen anzuklagen, dann sollten wir uns daran erinnern, dass dieser Mensch auch Sklave einer bestimmten Energie ist, der ein bestimmter Gedanke zugrunde liegt, die er noch nicht geklärt hat und er dadurch nicht weiß, was er tut. Mitgefühl und ein verzeihendes Herz bringen uns weiter als alle Verurteilungen und Schuldzuweisungen.

Das Leiden der Frauen

Tagebucheintrag vom 22. 6. 2014

Zehn Monate als Verurteilte im Gefängnis. Elf Monate inhaftiert. Nichts bleibt mehr. Ich könnte meiner Familie von der Kunstausstellung erzählen und davon, dass man meine Bilder kaufen wollte, ich jedoch wegen Ausbeutung abgelehnt habe. Ich lasse doch nicht das Gefängnis von meinen gezeichneten Bildern profitieren und gebe den Großteil meines Gewinns ans Gefängnis ab, wo ich doch all die Zeit in meine Kunst investiert habe.

Letztendlich ist auch das nicht von Bedeutung. Erfolg misst sich weder an Geld noch materiellen Dingen. Das Streben nach Befriedigung im Außen kann niemals Freiheit bringen. Alles Illusionen! Und so zerplatzt eine Seifenblase an Abhängigkeiten nach der anderen, sodass nichts weiter als ein leeres Gefäß übrig bleibt. Ich musste meine Träume leben, um zu erkennen, dass der Quell der äußeren Befriedigung nur Illusion ist. Abgesehen vom Spektrum der Seele währt nichts für immer und ewig. Und doch investieren wir so viel, um die Masken des äußeren Scheins aufrechtzuerhalten, damit wir bloß nicht den Schmerz des Sterbens unseres falschen Glanzes spüren müssen.

Riesige Gebäude an vermeintlichen Identitäten haben wir uns errichtet, um auch ja jemand zu sein und dem Gefühl der Unzulänglichkeit und Minderwertigkeit zu entfliehen. »Du sollst eine gute Ausbildung machen und am besten noch ein Studium anhängen, um einen gut bezahlten Job zu erhalten.« Am Ende bleibt der Uniabgänger arbeitslos wegen mangelnder Berufserfahrung. Und die Weitergabe jenes Wissens und jener Werkzeuge, wie man das Leben meistert, bleibt auf der Strecke. Kein Wunder, konnte ich mich in ein solch limitiertes System niemals einfinden, denn die Essenz meines Wesens ist Freiheit. Diese Freiheit finde ich darin, mein authentisches Selbst auszudrücken. Meine Einzigartigkeit kann ich niemals in einem System ausdrücken, das mich klein halten will und abhängig macht vom Gutheißen der anderen.

Die Frauen hier im Gefängnis werden genauso klein gehalten, denn Diskriminierung gegen das weibliche Geschlecht wird obendrein noch gefüttert mit Diskriminierung, weil man als Frau hinter Gittern sitzt. Das führt dazu, dass tatsächlich viele der Frauen in Arouca hinter Gittern sitzen wegen einem Mord, den ihr Mann begangen hat, den Drogen, die ihr Mann versteckt, oder dem Fehltritt, den ihr Mann gemacht hat und sie aufgrund von finanzieller und Co-Abhängigkeit niemals weggegangen sind, sondern bei ihm geblieben und

sich haben missbrauchen, vergewaltigen und schänden lassen.

Ich brauche wohl nicht anzufügen, dass ihr Selbstwertgefühl gleich null und ihre Hoffnung auf ein neues Leben kaum vorhanden ist. Das führte dazu, dass sie die einzige Zuflucht suchten, die sie kannten – Jesus Christus. Sie sind der festen Überzeugung, dass sie ohne ihn weder die Zeit im Gefängnis noch die Zeit mit einem miesen Ehemann überstanden hätten.

Ihr Selbstvertrauen wird im Gefängnis nicht gerade gefördert, denn die Frauen werden dort für ihre Arbeit nicht bezahlt. Sie nähen unglaublich tolle Kostüme, Kleider und sonstige Sachen und alles, was sie dafür erhalten haben, waren ein paar Snacks wie Chips, Kekse und Cornflakes aus der Cafeteria. Weil das Essen im Gefängnis so abscheulich und nährstoffarm war, haben sich viele damit abgefunden, einfach mit Snacks statt mit Geld bezahlt zu werden. Weil niemand für sie einsteht und niemand für ihre Rechte kämpft, haben sie es aufgegeben, ihre Anliegen und Beschwerden gegenüber den vielen Gefängnisvorstehern zu äußern, die ihre Runden durch das Gefängnis drehen und vorschriftsmäßig fragen, ob alles okay sei, nur um dann schnell weiterzuziehen und sich einen Dreck um das Wohlergehen der Frauen zu kümmern.

Was soll jemand mit 10 Cent pro Tag schon anfangen, wenn er dann das Gefängnis verlässt und knapp 60 TT-Dollar in der Hand hat? Da wird eine Rückfallquote in kriminelle Machenschaften doch nur gefördert.

So der Gedanke, den viele in mentaler Gefangenschaft hielt und dazu führte, dass sie innerhalb kurzer Zeit nach ihrer Entlassung wieder ins Gefängnis zurückkehrten. Sie machten das System, respektive das nicht vorhandene System dafür verantwortlich, keine andere Wahl zu haben. Doch warum haben es dann andere mit den gleichen Voraussetzungen geschafft? Weil sie eine andere Entscheidung getroffen und alles dafür getan haben, diese Entscheidung entgegen aller Widerstände in ihrem Leben umzusetzen.

Tagebucheintrag vom 24. 7. 2014

Heute wurde ich vom Assistant Superintendent in sein Büro zitiert, um die Angelegenheit bezüglich des Portraits zu besprechen, das ich für eine Wärterin gezeichnet hatte. Als es damals, als ich ihr das Portrait übergab, um die Bezahlung ging und ich sie selbstverständlich – wie das für mich üblich war – danach fragte, wie viel sie mir denn bezahlen wolle, antwortete sie mir, dass sie davon ausging, dass ich das kostenlos gemacht habe. Sie dürfe mit mir eigentlich nicht über Geld sprechen. So hat er mich heute in sein Büro zitiert, um mit mir die finanzielle Angelegenheit zu besprechen. Nachdem ich ihm das Gespräch zwischen der Aufseherin und mir geschildert hatte, gab er mir zu verstehen, dass Transaktionen mit Geld zwischen Wärterinnen und Insassinnen nur mit Zustimmung des Commissioners abgeschlossen werden könnten. Und dass diese Zustimmung eingeholt werden müsse, bevor die Arbeit angefangen wird. Das Einzige, was mir zustehe, wenn ich das Gefängnis verlasse, wären die 10 Cent, die ich pro Tag für meine errichtete Arbeit erhalten würde. Da also das Portrait bereits gezeichnet war, könnte ich keine finanziellen Ansprüche mehr geltend machen.

Als er mit seiner langen Rede zu Ende war, fragte ich ihn, warum die männlichen Insassen des Golden Grove Prisons so viel mehr Möglichkeiten hätten zu arbeiten und Geld zu verdienen als die Frauen, abgesehen von dem, was sie im Nähraum verarbeiteten. Daraufhin gab er mir zu verstehen, dass dies eine männlich dominierte Einrichtung sei, in der den Frauen nun mal nicht die gleichen Rechte und Möglichkeiten zustehen würden wie den Männern. Aber dass er hier sei, um dies zu ändern, dass es aber ein Prozess sei, der sehr viel Zeit in Anspruch nehmen würde. Da war mir klar, dass so schnell keine Veränderungen vonstattengehen würden. Mir scheint, dass dieser Spruch »alles braucht seine Zeit« nur eine faule Ausrede ist für das, was man lieber auf morgen verschieben oder wofür man gegenwärtig lieber nicht allzu viel Energie verwenden möchte. Es gibt Tage, an denen ich so frustriert bin, in einem System festzustecken, das einfach nicht funktioniert, dass ich die Wände hochgehen könnte.

LEKTION:
*Kein Schutz kann negative Energien von mir
fernhalten, wenn ich in mir das entsprechende
Muster nicht geklärt habe*

Wir beten, meditieren und rufen dabei allerlei helfende
Kräfte herbei, um die negativen Energien von uns fernzuhalten. Im Gefängnis sah ich, dass für diesen Zweck Fla-
schen entlang des Zelleingangs aufgereiht wurden. Doch
die Wirklichkeit sieht so aus, dass sich keine »Geister« oder
negativen Energien an uns heften können, wenn es in uns
nicht ein entsprechendes Programm gibt, das mit deren
Energien räsoniert. »Gleiches und Gleiches zieht sich an.«
Demnach gilt es immer zuerst, unsere inneren Programme
zu transformieren, um unsere Umwelt zu verändern, respektive eine neue Umwelt für uns zu gestalten. Wir können nicht darum bitten, dass Gott unsere Umgebung und
unsere Mitmenschen für uns zum Besseren verändert, wir
jedoch weiterhin auf der gleichen Frequenz schwingen
und all die alten Muster und Dramen in uns am Leben erhalten, die es den entsprechenden Umständen und Menschen erst gestatten, in unser Leben zu treten.

Es ist leicht, die Verantwortung nach außen hin abzugeben und zu sagen, dass sich Geister an uns heften,
die für unser Handeln, Denken und Fühlen verantwortlich sind. Im Gefängnis von Arouca ist das nur allzu ge-
bräuchlich. Wann immer ein Programm sich stetig wie-
derholt, so machen sie Geister dafür verantwortlich und

nicht die dafür kreierte Blaupause. Wirkliche und anhaltende Veränderungen können ausschließlich von innen kommen. Wir müssen den Ursprungsgedanken loslassen, der das Programm am Laufen hält, und ihn durch einen Gedanken ersetzen, der der Wirklichkeit entspricht. Wenn wir das vollbracht haben, dann sind wir in der Lage zu erkennen, dass es keine negativen Energien gibt, sondern wir sie so deklariert haben, weil das Bewusstsein der Dualität nun einmal negativ und positiv als Bezugspunkte zur Relation umfasst.

Je nach Dimensionsebene, die wir gerade klären und integrieren, haben wir es mit verschiedenen Programmen zu tun, die spezifische dieser Dimension entsprechende Gedanken mit sich bringen. Die letztendliche Ebene der Wirklichkeit wird uns jene Erkenntnis enthüllen, die die ultimative Freiheit und somit die totale Wiedervereinigung mit Gott manifestiert. Dort gibt es keine Gedanken der Trennung mehr, denn wir erkennen, dass wir die Urheber aller jemals gewesenen Gedanken sind, die alle Teil des einen Geistes sind.

Doch Gedanken sind mächtige Realitäten. Sie sind Wesenheiten, die ganze Universen erschaffen. Nur wenige Menschen sind sich ihrer Macht bewusst, die sie ausüben, wenn sie Gedanken aussenden. Stell dir vor, dass du mit jedem Gedanken, den du denkst, ganze Welten erschaffst, und frage dich, wie die Welt wohl aussehen würde, die du gerade mit einem deiner Gedanken erschaffst. Dann stell dir vor, wie die Welt aussehen würde, wenn Millionen anderer Menschen die gleichen Gedanken denken würden wie du. Dieser Vorgang erschafft Universen. Alle diese gleichartigen Gedanken heften sich aneinander und verdichten sich zu einem riesigen Energieball. Sie bestimmen, was wir weiterhin denken und welches Universum wir in unserem Leben manifestieren. Haben wir uns einmal auf ein Programm eingelassen, dann ziehen wir damit den ganzen Rattenschwanz, der damit einhergeht, in unser Leben. Wir werden uns mit dem ganzen Programm und allen dazugehörigen Gedanken auseinandersetzen müssen und können nicht einfach in der Mitte wieder aussteigen. Wir sollten uns lieber vorher genau überlegen, welchen Gedanken wir Zutritt zu unserem Geist gewähren. Es gibt kein Umtauschrecht und keine Rückfahrkarte, wenn wir in ein bestimmtes Gefährt eingestiegen sind.

Diese »Geister«, von denen hier alle sprechen, sind genau das, jene Wesenheiten, die aus den verdichteten Energien aller gleichartigen Gedanken bestehen und zum Ursprung zurückkehren werden, denn das ist der Sinn und Zweck ihrer Existenz. Doch die Frauen hier verstehen nicht, dass sie die Verantwortung für ihre Kreationen übernehmen müssen, um wirklich frei von ihnen zu sein. Und dass es manchmal einfach nicht ausreicht, einen bösen Geist zu vertreiben, sondern dass das innere Programm genauso transformiert werden muss, wie es entstanden ist, um wirkliche Freiheit zu erlangen. Das kann man erst dann, wenn man den falschen Ursprungsgedanken erkennt und loslässt.

Im Bewusstsein der Trennung wird alles in gut und böse unterteilt. Es gibt immer Kämpfe auszufechten und Kriege zu führen, da das Böse jederzeit angreifen und einen zerstören kann. Daher rührt auch der Glaube, dass sie sich vor negativen Energien schützen müssen, denn diese könnten ungefragt ins eigene Feld eindringen und einem das Leben zur Hölle machen. Das Problem allerdings ist, dass es in einem Gefängnis, wie dem in Arouca, das auf Sklavengrund gebaut und Regeln aus der Sklavenzeit hat, nur negative Energien gibt. Man hat also keine Chance zu überleben, ohne auch all die Schattenseiten in sich zu beleuchten, und sich von den mentalen Programmen zu befreien, auf dem sie ihr Fundament bilden. Alles beginnt und endet mit uns. Wir können uns durch keine negativen Energien schützen, wenn unser Bewusstsein nicht klar und offen genug ist, um wirkliche Freiheit zu erschaffen.

Inneren Gleichmut erlangen

Tagebucheintrag vom 25. 4. 2015

Es vergehen die Tage, doch ich nehme kaum noch etwas außerhalb von mir wahr. Ich lebe in meiner eigenen, kleinen Welt, schließe meine Augen und gebe mich der Imagination hin. Bücher sind meine steten Begleiter. Sie ziehen mich in eine Welt, die mich fortträgt von diesem Ort, so weit weg, dass ich meist vergesse, dass ich im Gefängnis bin. Erst wenn ich meine Zelle verlasse und in den Korridor treten muss, wird mir wieder schlagartig bewusst, wo ich mich befinde. Ich würde gern den Rest meiner Zeit in meiner Zelle verbringen, bis ich zurückkehren kann in ein Land, das nicht mehr mein Zuhause ist, in dem jedoch die Menschen leben, die ich am meisten liebe. Ich kann es kaum mehr erwarten, sie endlich wieder in die Arme zu schließen, das Lachen und die Tränen in ihren Gesichtern zu sehen. Ich werde jeden Moment mit ihnen so sehr genießen und wertschätzen.

Freiheit habe ich erstmals im Gefängnis gekostet, nachdem sie mir entzogen wurde. Es spielt keine Rolle, was andere über mich sagen werden, wenn sie erfahren, dass ich zwei Jahre hinter Gittern verbracht habe. Ich weiß, wer ich bin. Und ich brauche weder Zustimmung noch Anerkennung von anderen Menschen. Keiner von ihnen ist jemals in meinen Schuhen gelaufen. Wir alle tragen unsere Kämpfe aus. Spielt es da eine Rolle, welches Schlachtfeld es ist? Letztlich führen sie alle zum gleichen Ergebnis, nämlich dass wir selbst unser einziger Feind sind. Wem sollte ich da noch etwas vormachen? Ich würde mich nur selbst belügen. Ich habe die Masken schon vor langer Zeit abgelegt. Ich möchte, dass die Welt meine Geschichte erfährt, weil ich glaube, dass es die Geschichte von vielen ist und wir nur gemeinsam die Veränderung sein können, die wir uns für diese Welt wünschen. Sie findet in unseren eigenen Herzen statt, sobald wir uns die Hände reichen und einander wissen lassen, dass da noch mehr sind, dass wir nicht allein sind und es Menschen gibt, die sich darum kümmern, wie es uns geht. Dadurch, dass wir unsere Geschichte aussprechen, betreten wir jenen heiligen Raum, in dem Schuld und Scham keinen Platz mehr haben, denn diese finden nur im Schweigen Zuflucht.

Ich bin angekommen. In mir bin ich eins. Ich höre das Summen Gottes in meinem Herzen, spüre das Schwingen seiner/ihrer Liebe in meinen Zellen und erfahre ihren Frieden durch meinen Atem. Hier bin ich zu Hause. Hier bin ich frei!

Es gibt Menschen, die, ganz egal was ihnen im Leben Gutes widerfährt, immerzu einen Grund finden, sich zu beklagen. Die Sonne scheint nicht, dann scheint die Sonne, aber es ist zu heiß; die Menschen sind zu unfreundlich, und wenn dann doch Hilfe angeboten wird, dann ist es nicht auf die richtige Art und Weise. Sie können daher niemals zufrieden sein und möchten am liebsten, dass sich die ganze Welt nach ihnen richtet und nur um sie dreht. Wenn etwas nicht so läuft, wie sie sich das wünschen, dann finden sie einen anderen Grund, um sich zu beklagen. Ganz egal wie man es dreht oder wendet, nichts ist für diesen Typ Mensch jemals gut genug.

Diesen Typ Mensch gab es natürlich auch im Gefängnis. Wobei ich immer kopfschüttelnd daneben saß und mich fragte, wie man im Gefängnis landen und noch immer nicht begreifen konnte, dass sich die Welt nicht nur um einen selbst dreht und dass an einem Ort wie dem Gefängnis nichts außerhalb von einem zur eigenen Zufriedenheit läuft. Wenn man schlafen wollte, konnte man sicher sein, dass alle einen unglaublichen Radau veranstalteten, der es unmöglich machte, auch nur ein Auge zuzutun. Wenn man sich ausruhen wollte, wurde man sicherlich wegen einer Lappalie gerufen und in seiner Ruhezeit gestört. Wer unter diesen Umständen immer noch die Menschen und seine Umwelt nach den eigenen Wünschen und Bedürfnissen zu formen versucht, der wird es wohl niemals lernen.

Ich war vor meiner Inhaftierung stets damit beschäftigt, meine Außenwelt meinem Idealbild anzupassen und meine Wünsche und Ziele zu realisieren, in der Hoffnung, mich irgendwann entspannen und alles genießen zu können. Ich war von morgens bis abends damit beschäftigt, einem Traum hinterherzurennen, anstatt einfach tief einzuatmen, mich hinzusetzen und mich für all das zu bedanken, was ich bereits hatte. Ich wusste nicht, wie ich einfach sein und genießen konnte, was ich bereits hatte. Ich wusste auch nicht, wie reich das Leben in allen Farben ist und wie es sich mir jeden Moment neu offenbart, wenn ich nur meine Augen öffne und genau hinschaue.

Ich wusste es nicht, bis ich ins Gefängnis kam und inmitten der Hölle meine Augen öffnete und zum ersten Mal wirklich sah. Da erkannte ich, dass ich niemals wirklich frei und glücklich sein werde, solange ich danach strebe, die äußeren Umstände meiner Vorstellung von einem Idealbild anzupassen. Das Leben lässt sich nicht manipulieren. Das Leben hat seine ganz eigene Art und Weise, sich uns zu offenbaren und uns die Lektionen und Erfahrungen zu präsentieren, mittels derer wir eine neue Version von uns selbst erschaffen und erfahren können.

Diese Lektionen sind nicht immer die, die wir uns wünschen, aber es sind die, die wir am dringendsten benötigen und die uns dazu antreiben, das größte Wachstum zu erzielen. Ohne diese Herausforderungen könnte der rohe Diamant in uns niemals so geschliffen werden, dass seine ganze Schönheit zum Tragen kommt. Wir würden niemals erfahren, wozu wir imstande sind und wie immens unsere innere Kraft eigentlich ist. Um diese Lektionen in Würde zu meistern, benötigen wir vor allem eins – Gleichmut.

Es sind niemals die Lektionen, Menschen und Erfahrungen, die uns in die Knie zwingen, sondern wie wir ihnen begegnen. Die Sichtweise, die wir den Menschen und Umständen entgegenbringen, entscheidet darüber, ob wir uns in Ketten legen oder uns ein weiteres Stück Freiheit erschaffen. Unsere Sichtweise beeinflusst unsere Emotionen, die uns dann entweder in Aufruhr bringen oder mit denen wir unseren Gleichmut weiterhin aufrechterhalten.

Wenn wir uns dafür entscheiden, uns von nichts und niemandem aus dem Gleichgewicht bringen zu lassen, dann wird das nach anfänglichem Scheitern und vielen Versuchungen im Außen auch leicht zu bewältigen sein. Ich habe dafür meinen Fokus vom Lärm auf meine innere Melodie verschoben und mich in meinem eigenen Rhythmus verloren. Das Summen im Herzen, das Vibrieren in den Zellen, das Singen des Friedens war die Musik, die mich in dieser Zeit begleitet hat. Es ist die Musik, die mir immer und überall zugänglich ist und mich daran erinnert, dass der Himmel in mir wohnt und mit keinem Geld auf dieser Welt erkauft werden kann. Ich brauche nichts dafür zu machen, außer mich auf mein Inneres einzustimmen und die Kraftquelle in mir anzuzapfen, die mir auch in Zeiten des Sturms die Kraft gibt, meinen Gleichmut zu bewahren und ruhig zu bleiben, selbst wenn jemand mich anschreit.

Wenn ich hinter die Maske des Zorns blicke, dann erkenne ich immer das verletzte und hilflose Kind, das sich nicht anders zu helfen weiß, als zu schreien und zu toben, in der Absicht, wenigstens ein Stückchen Kontrolle wiederzuerlangen. Wie könnte ich da kein Mitgefühl empfinden? Ich erkenne auch mein hilfloses Selbst in diesem Menschen wider. Wie könnte ich da meinen inneren Gleichmut verlieren? Wie könnte ich auf den Zorn eines anderen Menschen auf die gleiche Weise reagieren, wenn ich verstehen kann, was diesen Menschen so wütend macht? Was mich zur nächsten Lektion bringt ...

LEKTION:
Jeder ist mein Spiegel

Im Gefängnis gibt es kein Entrinnen. Hinter Gittern dient mir jede Insassin als Spiegel. Alle meine Themen, Ängste, Stärken und Schwächen werden mir durch die Menschen um mich herum gespiegelt. Außerhalb dieser Mauern kann ich weglaufen und muss den Menschen nie wiedersehen, der mich mit Themen konfrontiert, die ich nicht anschauen will. Im Gefängnis wird mir das ungeklärte Thema so heftig um die Ohren geschlagen, dass es letzten Endes in eine handgreifliche Auseinandersetzung ausarten könnte. Wenn ich in der Illusion verharre, dass ich das Opfer und du der Täter bist, klage ich dich für all jene Dinge an, die ich selbst getan oder gesagt habe.

Beispielsweise hat jemand eine Wärterin über etwas informiert, was jemand anderer Illegales getan hat, was zur Bestrafung führt. Drei Monate zuvor allerdings waren die Rollen vertauscht und diese Insassin hat Informationen durchsickern lassen über eine andere Insassin, die etwas Illegales getan hat. In der Illusion der Trennung verhaftet waren sie immer empört und erwarten von der anderen Insassin, dass sie sich anders verhalten sollte, anstatt ihr Mitwirken und sich somit als Ursache anzuerkennen und ihr eigenes Verhalten zu korrigieren. Das ist ein Beispiel, das ich bei vielen Insassinnen tagtäglich beobachtet habe und das nur allzu oft Grund von üblen Schlägereien war.

Überstellung in die Schweiz und die Zeit danach

Ich wurde am 30. 6. 2015 nach einem zweijährigen Gefängnisaufenthalt in der Karibik in die Schweiz überstellt, um dort die letzten sieben Wochen meiner Strafzeit abzusitzen. Ich habe also insgesamt zwei Jahre im Frauengefängnis in Trinidad verbracht und dort in einem Drittweltland eine vollkommen andere Seite des Lebens kennen- und leben gelernt. Ich lernte, unter schwierigen Bedingungen mit dem Allernötigsten zu überleben und meinen Respekt unter schwarzen Frauen zu erkämpfen.

Generell kann ich heute sagen, dass sich die Frauen aufgrund ihrer Geschichte der Kolonialzeit physisch, emotional, mental und spirituell noch immer in Fesseln befinden, was zur Folge hat, dass das Leben ein ständiger Kampf ist und jeder gute Ansatz bereits im Keim erstickt wird, weil aus einem Umfeld, dessen Grund auf der Geschichte der Sklaverei aufgebaut ist, nichts anderes erwachsen kann. Die Programme haben sich in die Matrix eingebettet und können nur durch neue Denkmuster verändert werden. Die Insassinnen dort waren zum größten Teil rassistisch veranlagt und blickten auf eine weiße Frau aus einem Land des Überflusses als wohlhabende und leichte Beute, um sich zu holen, was sie brauchten.

Die ersten Monate nach meiner Verurteilung waren wirklich hart. Das lag vorwiegend daran, dass ich mit meiner Schweizermentalität, die immer hilft und gibt, wo Hilfe gebraucht wird, unter Frauen lebte, die allesamt nur nahmen und nicht wirklich etwas zurückgaben. Wann immer ich um Hilfe oder Essen gefragt wurde, habe ich anfangs gegeben, ganz nach dem Motto, wo Not an der Frau ist, da stehe ich helfend zur Seite. Ich brauche wohl nicht zu sagen, dass mich diese Lebensweise in ziemliche Schwierigkeiten gebracht hat, weil das Essen dort ungenießbar war und ich, abgesehen von einer Mahlzeit am Tag, nichts vom Gefängnisessen zu mir nehmen konnte.

Nachdem ich sehr viel abgenommen hatte und meist hungrig zu Bett ging, reichte es mir endgültig. Ich lernte, Nein zu sagen und egoistischer zu werden, was mir buchstäblich das Leben rettete. Ich änderte meine Denkweise und entschloss mich, nur noch zu geben, wenn es wirklich gebraucht wurde. Die grundsätzliche Frage, die ich mir heute stelle, ist: »Braucht dieser Mensch das wirklich oder will er es einfach haben?«

Bei der Überstellung in die Schweiz war ich ein anderer Mensch und lebte frei von Profiteuren, die nur nahmen und nichts zurückgaben. Als ich meine Zelle in der Schweiz das erste Mal betrat, dachte ich, ich wäre in einem Hotelzimmer gelandet, mit dem einzigen Unterschied, dass ich keine Schlüssel hatte, um meine Tür auf-

und wieder zuzuschließen. Ich wurde als Erstes von einem Aufseher auf die Gegensprechanlage aufmerksam gemacht, mithilfe derer ich mich bei der Zentrale bei allfälligen Problemen mit einem einzigen Knopfdruck melden konnte. Außerdem war ein Fernseher, eine Toilette, ein Waschbecken, ein Bett, ein Tisch mit Stuhl und ein Wasserkocher vorhanden. Ich hatte die Möglichkeit, einen Ventilator und einen Laptop zu mieten und war somit mit allen Luxusmöglichkeiten ausgestattet, die ich für meinen kurzen Aufenthalt brauchte.

Die Situation in den Schweizer Gefängnissen sieht so aus, dass der Ausländeranteil etwa 80 % und der Anteil der Schweizer etwa 20 % beträgt. Ich war bis auf ein paar wenige Tage die einzige weibliche Insassin und hatte eigentlich nie etwas zu beanstanden, denn im Vergleich zum Frauengefängnis in Trinidad war ich im Paradies gelandet. Meine männlichen Mitinsassen ausländischer Herkunft allerdings verloren bei jeder Kleinigkeit die Kontrolle und führten Aufstände wegen verlorener Videospiele, nicht erhaltener Zigaretten oder nicht bewilligter Telefongespräche. Sie versuchten, sich um die Regeln und Vorschriften zu drücken, wann immer es ging, und tobten vor Wut, wenn sie nicht ihren Willen bekamen. Ich weiß mit Sicherheit, dass sie sich in ihrem eigenen Land niemals so aufführen könnten, weil solch kindisches Verhalten in deren Ländern mit Schlägen und Isolationshaft bestraft wird. So waren jedenfalls die Zustände auch im Frauengefängnis in Trinidad. Nicht aber in den Gefängnissen in der Schweiz. Dort möchte man den Frieden wahren und bringt einem tobenden, erwachsenen Mann seine Zigarette, obschon er nicht berechtigt ist und sie keineswegs verdient hat, mit einem solchen Verhalten noch mit weiteren Zigaretten belohnt zu werden. Man sperrt ihn auch nicht – wie eigentlich angemessen – in Isolationshaft, weil die Anti-Folter-Kommission wie eine Guillotine über den Entscheidungen der Gefängnisleitung schwebt.

Alles in allem wurde mir eingehend bewusst, wie sehr ich meine Denk- und Lebensweise in diesen zwei Jahre hinterfragte und veränderte, um in einem Land zu überleben, in dem einem nichts geschenkt wird. Ich bemerkte, dass dies die Therapie war, die ich gebraucht hatte, um meine von Natur aus überwiegend gebende und nicht nehmende Art zu verändern. Denn dieser Charakterzug war es, der mich erst so ausbrennen ließ, dass ich nicht mehr in der Lage war, die Zeichen zu sehen und die Menschen richtig einzuschätzen. Ich konnte in der Zeit im Gefängnis einen klaren Blick erlangen auf den Ausgleich von Geben und Nehmen und wie wichtig es ist, »keine Perle vor die Säue zu werfen«.

Ich erinnere mich außerdem noch gut an das Gespräch, das ich mit der Anwältin hatte, die für meine Überstellung zuständig war. Sie ließ mich ganz schnell wissen, dass sie mir nicht glaubte, dass ich nichts von den Drogen in meinem Gepäck gewusst hätte. Das Nächste, was sie mir mitteilte, war, dass meine Überstellung im Kanton einen rechten Wirbel und Aufstand hervorgerufen hatte, weil ich Drogen schmuggeln und dann nach meiner Verurteilung auch noch überstellt werden wollte. Und natürlich ließ sie es nicht aus, noch einen draufzusetzen und mir zu sagen, dass diese Überstellung 30 000 CHF gekostet hätte. Dann fügte sie mit einem künstlichen Lächeln hinzu, dass ich davon natürlich nichts zurückzahlen müsse. Da erwachte die Kämpferin in mir zum Leben und ich weigerte mich, von einem fremden Menschen auf diese Art und Weise verurteilt und herabgesetzt zu werden. Ich ließ sie wissen, dass ich die Überstellung nicht machen wolle und bis kurz vor dem definitiven Urteil, das in der Schweiz rechtskräftig wurde, darüber nachdachte, in Trinidad zu bleiben. Und dass ich diese Reise nur angetreten hätte, um meiner Familie die tägliche Sorge abzunehmen, ob ich wieder lebend zurückkehren würde.

Sie war geschockt und hatte keinesfalls damit gerechnet, so etwas von mir zu hören, denn in den ganzen zwei Jahren kam ihr niemals zu Ohren, dass ich darüber nachdachte, meine Zeit in Trinidad abzusitzen. Ich ließ sie wissen, dass, wenn ich vorher gewusst hätte, dass die Überstellung so lange dauert, ich niemals dieser Überstellung zugestimmt hätte. Vor allem erschreckte mich, dass ich danach noch auf Bewährung wäre und die Schweizer Behörden über meinen weiteren Werdegang mit entscheiden würden. Ich könne damit leben, eine gewisse Zeit auf kleinem Raum existieren zu müssen, aber ich würde es nicht akzeptieren, dass andere für mich bestimmen, wie ich mein Leben wiederaufbaue, wenn ich entlassen werde. Ihrer Ansicht nach sollte ich dankbar sein, wenn ich wenigstens einen Job in der Migros bekommen und Regale einräumen könnte.

Sie wusste nicht, was ich wusste, nämlich dass ich zu jeder Zeit alle Möglichkeiten offen hätte und sein, tun und haben könnte, was ich mir erträumte, wenn ich bereit war, mein Mind-Set richtig auszurichten, die nötigen Schritte zu unternehmen und inspirierte Taten walten zu lassen. Für mich war von Anfang an klar, dass, sobald ich diese Gitterstäbe hinter mir lasse, ich zurückkehren werde in die Welt, die ich mir erschaffen hatte und die mir niemand, aber auch wirklich niemand nehmen konnte.

Ich möchte sie weder anklagen noch verurteilen, und wenn sie je diese Zeilen liest, dann möchte ich, dass sie weiß, dass ich verstehe, warum sie so gedacht und gesprochen hat. Sie ist Teil eines Systems und Teil eines Mind-Sets, das jeden Menschen schubladisiert und kategorisiert. Menschen wie ich gehören ihrer Meinung nach zu denen, die weder Selbstwert noch viele Optionen besitzen und sich mit dem wenigen zufriedengeben müssten, was uns gegeben wird.

Doch ich möchte alle da draußen wissen lassen, dass das nicht eure Wahrheit sein muss. Ich möchte euch aufrufen und euch sagen, dass ihr alles sein, machen und haben könnt, was ihr euch erträumt, und dass euch keine Grenzen gesetzt sind, außer denen, die ihr in eurem Kopf als solche akzeptiert. Deshalb lasst euch niemals einreden, dass ihr nichts oder weniger wert seid als irgendjemand anderes. Lasst euch niemals einreden, dass ihr etwas nicht könnt, nur weil ihr in der Vergangenheit in die Irre gegangen seid. Denn ihr habt in jedem Moment die Möglichkeit, euch neu zu erschaffen. Tatsächlich ist es so, dass ihr euch in jedem Moment neu erschafft, denn das Leben ist Veränderung und es verändert sich mit jedem Augenblick, in dem es durch euch pulsiert und sich selbst durch euch und eure Wahl zum Ausdruck bringt. Ihr seid nicht eure Vergangenheit, ihr seid nicht eure Zukunft! Jetzt ist der einzige Moment, der wirklich existiert! Welche Wahl triffst du jetzt?

LEKTION:
Trennung existiert nur in unserem Geist

Nur weil unsere äußere Form sich unterscheidet und voneinander getrennt ist, ist das noch lange nicht die Wirklichkeit. Wenn ich im Bewusstsein der Einheit bin, dann weiß ich, dass ich eins mit dir bin. Du bist lediglich eine Erweiterung meiner selbst, ein Spiegel jener Anteile, die ich zu gegebener Zeit nicht bewusst betrachte. Sobald ich mich mit mir selbst nicht mehr im Einklang befinde, unterliege ich der Illusion der Getrenntheit und vergesse dabei, dass wir alle im einen Geist vereint sind. Die äußere Hülle ist nur Täuschung. Sie ermöglicht mir, in Relation zu treten und zu erfahren, wer zu sein ich gewählt habe. Dafür brauche ich einen anderen Menschen als Bezugspunkt, damit ich mich selbst durch unsere Gegensätzlichkeit erkennen kann.

Wenn ich wähle, Frieden zu sein, dann brauche ich ein Umfeld von Streit und Krieg, damit ich meine Wahl zum Ausdruck bringen und friedfertig sein kann. Frieden und Streit sind entgegengesetzte Pole der gleichen Energie, die einander bedingen und deren Schmelzpunkt in der Mitte liegt. Wie leicht geschieht es doch, dass ich mich in der Illusion der Trennung verliere und mit dem Finger auf dich zeige, anstatt alle meine Anteile in jedem Menschen zu erkennen, der mir begegnet. Wann immer ich mit dem Finger auf dich zeige, zeigen dabei gleichzeitig drei Finger auf mich.

Bin ich bereit, dich als einen immanenten Teil zu betrachten, oder verliere ich mich abermals im Bewusstsein der Trennung? Solange ich dich nicht als meinen Spiegel betrachte und dich als Bruder und Schwester im einen Geist willkommen heiße, habe ich die Illusion der Trennung noch nicht überwunden. Ich werde dich anklagen, beschuldigen und verurteilen für all das, was ich nicht bereit bin, in mir selbst zu erkennen und zu erlösen. Meinen eigenen Schatten zu betrachten und in die Tiefen der Dunkelheit meiner Seele hinabzusteigen, um meinen größten Ängsten zu begegnen, erfordert Mut, Disziplin und absolute Ehrlichkeit mir selbst und auch anderen gegenüber. Nur wenn ich das aufzubringen vermag, werde ich mich allmählich durch den Irrgarten der Illusionen hindurcharbeiten können, der wie wildes Unkraut über dem Garten der Wirklichkeit wuchert. Erst wenn ich bereit bin, mich wahrhaftig selbst kennenzulernen, meine Schwächen und Schattenseiten genau so zu akzeptieren wie meine Stärken, kann eine Veränderung stattfinden. Durch Akzeptanz entsteht Verständnis, Mitgefühl und letztendlich Liebe für das verletzte Wesen in mir. In dem Maß, in dem ich mein eigenes Unvermögen und mein Verletzt-Sein erkenne, bin ich in der Lage, Liebe und Mitgefühl für dich aufzubringen, da ich nun weiß, dass du die gleichen Wunden, Ängste und Verletzungen in dir trägst wie ich. Manchmal handeln wir aus diesem Verletzt-Sein heraus und sagen oder machen etwas, das wir später bereuen. Wenn ich das weiß, wie könnte ich dir da nicht vergeben?

Ich werde dir immer wieder begegnen und meine Themen auf dich projizieren, solange ich mich noch in der Illusion der Trennung aufhalte. Sobald ich bereit bin, meine innere Freiheit zu erschaffen, lasse ich ab von Anklage, Schuldverteilung und dem Opfer-Täter-Drama und gehe nach innen, wenn mich etwas emotional oder mental berührt und aufwühlt. Was ich in dir sehe, das trage ich auch in mir. Wahre Heilung kann immer nur von innen kommen und nimmt einen Anfang, wenn ich die drei Finger betrachte, die auf mich zeigen, während ich mit einem Finger auf dich zeige.

Ich habe den Weg der Reflexion und Selbstvergebung gewählt und mich stets nach innen gewandt, um mich als die Ursache einer unerwünschten Situation zu erkennen. Mich selbst so lange zu überprüfen, zu reflektieren, die aufwühlende Situation durchzuspielen und mir letztendlich zu vergeben, bis ich keinen Hass, keine Enttäuschung, keinen Betrug und keinen Vertrauensmissbrauch mehr in mir finden kann, ist der einzige Weg, inneren Frieden und somit Freiheit zu erlangen. Solange ich nicht zu diesem Gleichmut zurückfinde, in der mich die Essenz vom Opfer/Täter-Drama – die Schuld – nicht mehr ergreift, wenn jemand mich angreift, werde ich das gleiche Drama stetig aufs Neue erschaffen und zwar so lange, bis ich bereit bin, die Schuld in mir zu erlösen, mir selbst zu vergeben und mich bedingungslos selbst zu lieben.

Ich bin in der Lage, dir zu vergeben, wenn ich mir selbst vergeben habe. Und ich kann mir selbst vergeben, wenn ich ehrlich zu mir bin und mich genau in dem Spiegel betrachte, den du mir hingehalten hast. Nur dann bin ich frei und kann auch dich in die Freiheit entlassen. Der Kreislauf des Karmas ist durchbrochen und ich bin bereit, die nächste Lektion zu umarmen und zu integrieren, die das Leben mir bringt. Ich danke dir für diese Lektion. Ich verstehe jetzt, dass wir alle Teile des einen Geistes sind, der Ursprung von allem ist, was mir jemals begegnete und mir künftig noch begegnen wird.

Konsumgesellschaft goodbye

Brauche ich das wirklich oder möchte ich es einfach? Das ist die zentrale Frage, die ich mir heute stelle, wenn ich unterscheiden möchte, ob ich mich dem allgemeinen Konsumverhalten hingebe oder wirklich nur das Nötigste anschaffe, was ich zum Leben brauche. Denn eines ist sicher: Je mehr materielle Güter ich anschaffe, die ich eigentlich gar nicht brauche, umso mehr Ballast schleppe ich mit mir herum und umso unbeweglicher werde ich und schränke meine Freiheit ein.

Im Frauengefängnis in Trinidad lebte ich nicht im Überfluss, weil nichts im Überfluss vorhanden war. Ich konnte es mir nicht leisten, einfach aus Lust zu essen, denn das, was ich gegessen habe, wenn ich nicht hungrig war, stand mir nicht mehr zur Verfügung, wenn ich wirklich Hunger hatte. Ich lernte, nur mit dem Nötigsten zu überleben. Das vereinfachte mein Leben ungemein, da ich verinnerlichte, nur das zu essen oder zu verlangen, was ich wirklich brauchte. Ich habe gegessen, um zu leben, und lebte nicht, um zu essen. Ich verwöhnte mich auch nicht mit einem guten Essen, wenn ich mich belohnen wollte. Dieser Luxus war mir nicht vergönnt.

Selbst die wichtigsten Grundbedürfnisse wie ein Kissen zum Schlafen oder ein Laken zum Zudecken waren nicht selbstverständlich. Genug Klopapier und andere Toilettenartikel gab es nicht, weil einfach nicht genügend da war. Ich kam aus einem Land des Überflusses in ein Land der Armut. Und das war vielleicht die wichtigste Lektion im Hinblick auf die innere Freiheit für mich. Ich weiß jetzt um den Unterschied zwischen etwas wollen und etwas wirklich brauchen, da ich ihn täglich am eigenen Leib zu spüren bekam.

Als ich dann in die Schweiz überstellt wurde, auf einmal wieder den Überfluss sah und mir alles in den Schoß gelegt wurde, hinterfragte ich diese Lebensweise sehr genau. Ich entdeckte, dass durch den Überfluss ein Verhalten geschaffen wird, dass alles leicht zu ersetzen ist und man sich nicht mehr um die Dinge statt um Menschen kümmert, die das eigene Leben bereichern. Wenn mir mein Smartphone nicht gefällt, dann kaufe ich mir einfach ein neues. Ist ja alles im Überfluss vorhanden. Wenn meine Beziehung nicht mehr funktioniert, dann tausche ich meinen Partner ganz leicht gegen einen Neuen aus, da ich um nichts mehr zu kämpfen brauche. Markenklamotten, das beste Auto und das schönste Haus sind das erstrebenswerte Ideal, dem auch ich früher nachgerannt bin. Geld zu verdienen und Karriere zu machen, um mich in der Gesellschaft anzupassen und meine Komfortzone einzurichten, ist der Status, den sich die meisten erarbeiten und durch den sie sich selbst definieren. Je mehr ich besitze, umso mehr bin ich wert.

Die Anschaffung materieller Güter und Nahrungs-mittel im Überfluss, die man eigentlich gar nicht braucht, damit man sie einfach hat, ist ein weiteres Ver-haltensmuster, das uns von unserer Gesellschaft antrai-niert wird. Diese Sicherheit wollen wir auf keinen Fall aufgegeben, denn wer in der Illusion lebt, dass nicht ge-nug von allem da ist, braucht diesen falschen Glanz der Sicherheit. Doch was ist, wenn wir sterben? Wir können keine dieser materiellen Güter, unseren akademischen Abschluss und auch unser Geld nicht mit ins Grab und in die Ewigkeit nehmen. Das, was Bestand hat und zählt, sind die Qualitäten unserer Seele und die Liebe, die wir den Menschen geschenkt haben, die unser Le-ben bereicherten. Nichts anderes ist wirklich von Be-deutung.

Der Großteil unserer Gesellschaft ist vom materiellen Glanz dermaßen verblendet, dass sie dabei ganz verges-sen, sich um die Entwicklung ihrer psychologischen und spirituellen Attribute zu kümmern. Und wenn dann ei-nes Tages alles auf physischer Ebene zusammenbricht, weil man den Job, das Haus oder das Geld verliert, bleibt nichts mehr übrig, da man sein wahres Wesen nie wirk-lich kennengelernt und ausgedrückt hat. Anstatt sich ih-rer Selbstverwirklichung zu widmen, geben sich die meisten Menschen lieber ihrem Konsumverhalten hin, um die Leere zu füllen, die dadurch entsteht, dass die Verbindung zur eigenen Seele fehlt.

Ein weiterer Grund, warum das Konsumverhalten so ausgeprägt ist, ist der, dass der Großteil der Bevölkerung glaubt, dass es nicht genug gibt von dem, was sie gern möchten, also schaffen sie sich Sicherheiten an, die sie durch die schweren Zeiten tragen sollen, die meist gar nie eintreten. Die Illusion, dass nicht genug da ist, ist weit verbreitet.

Doch sie entspricht nicht der Wirklichkeit. Wir brauchen uns nicht anzustrengen, um jemand zu sein oder etwas zu bekommen. Es ist nicht garantiert, dass je mehr wir arbeiten, desto mehr bekommen wir auch. Im Grunde genommen ist es so, dass je mehr wir arbeiten, desto weniger erhalten wir. Wir bekommen weniger Zeit mit den Menschen, die wir lieben, weniger Zeit, um uns um uns selbst zu kümmern, weniger Gesundheit aufgrund des Stresses, dem wir uns aussetzen, und weniger Gelegenheit, um uns jenen Dingen und Tätigkeiten zu widmen, die uns wirklich Freude bereiten. Und das alles nur, weil wir dem Irrtum unterliegen, dass nicht genug da sei von dem, was wir uns wünschen, und dass wir uns anstrengen müssen, um genügend zu erhalten.

Hinter jedem Wunsch steckt das unterbewusste Verlangen, ein bestimmtes Gefühl zu spüren, sobald sich dieser Wunsch manifestiert hat. Das Problem allerdings besteht darin, dass dieses Gefühl nie lange anhält, denn es ist an den Quell der Befriedigung im Außen gebunden und verschwindet genauso schnell, wie es gekommen ist, sobald die neue Manifestation seine Aufregung und seinen Glanz verliert und zur Alltäglichkeit geworden ist. Dann müssen wir uns erneut auf die Jagd machen, um dieses Gefühl abermals zu erlangen. Doch in einer neuen Tasche, neuen Schuhen, einem neuen Auto und anderen materiellen Dingen werden wir dieses Gefühl nie dauerhaft finden. In uns selbst liegt das verborgen, was wir im Außen suchen. Gehen wir doch auf Schatzsuche und buddeln in unserem eigenen Garten!

Dann kam die physische Freiheit

Heute, während ich diese Zeilen schreibe, ist beinahe ein Jahr vergangen, seitdem ich nach etwas mehr als zwei Jahren Inhaftierung in Trinidad und der Schweiz aus dem Gefängnis in Schaffhausen entlassen wurde. Diesen Monat endet meine Bewährungszeit. Wenn ich zurückblicke auf diese Zeit, erscheint mir alles so unwirklich, als ob es einem Menschen in weiter Entfernung passiert wäre, aber nicht mir. Ab und an holen Träume mich ein und zeigen mir, welchen Aspekt ich noch nicht ganz integriert und geheilt habe. Dann weiß ich wieder, dass das alles wirklich geschehen ist und dass ich es überlebt habe. Nicht nur, dass ich es überlebt habe, sondern dass ich als lebendes Beispiel für mich selbst und andere zeigen konnte, dass nur unser Bewusstsein bestimmt, ob wir uns im Himmel oder in der Hölle befinden, ganz egal welch schwierige Bedingungen wir gerade durchleben.

In diesem Jahr habe ich ein neues Leben in Irland mit meinem besten Freund, der gleichzeitig mein Lebenspartner ist, und meiner Hündin angefangen sowie meine Firma wiederaufgebaut. Ich lebe einfach und bescheiden, weil ich mich weder an Dinge noch an Orte binde, und weil ich weiß, dass Freiheit mit jeder Abhängigkeit dahinschwindet, sei es die Abhängigkeit von Menschen, materiellen Gütern oder Orten. Deshalb habe ich den größten Teil meines Besitztums, Möbel und alles Überflüssige, verkauft und verschenkt. Nachdem ich zwei Jahre in einer kleinen Zelle mit praktisch nichts überleben konnte, brauche ich nicht mehr viel. Ich bevorzuge es, mit leichtem Gepäck durchs Leben zu reisen und außer der Notwendigkeit der Liebe und den wichtigsten physischen Ressourcen nichts als Muss gelten zu lassen.

LEKTION:
Bewusstsein ist der Weg zur Freiheit

Als ich ins Gefängnis kam und in dieser dunklen und trostlosen Zelle saß, konnte ich nicht an ein Morgen denken. Mich erfasste augenblicklich Angst und Schrecken, wenn ich daran dachte, was am nächsten Tag auf mich zukommen würde. In mir gab es nichts anderes als dieses schwarze Loch an Hoffnungslosigkeit, Verzweiflung und Tod. Jeder Gedanke war anstrengend, da er mich nur tiefer in die Dunkelheit hinabzog. Sterben war die einzige Option, die ich ins Auge fassen konnte und die mir Erleichterung verschaffte.

Als ich meinen Tod in meinem Kopf durchspielte, war mir klar, dass zu sterben keine umsetzbare Option war, weil ich weder so feige noch so dumm war, meine ganze Entwicklung hinzuwerfen, nur weil es gerade etwas holprig wurde. Also musste ich ausharren in diesen dunklen Stunden.

Meine äußeren Bedingungen veränderten sich nicht. Anstatt dieser Hölle zu entfliehen, wurde ich zu drei Jahren Haft ohne Buße verurteilt und verbrachte letztendlich zweiundzwanzig Monate im Frauengefängnis in Arouca und sieben Wochen in der Schweiz. Was ich allerdings einer Veränderung unterzog, war mein Bewusstsein. Ich konnte keine perfekten Bedingungen erwarten, um meinen inneren Frieden wiederzufinden. Doch ich konnte meinen Geist von den Fesseln befreien, die mich in Wirklichkeit gefangen hielten.

Wann immer ich meinen Fokus auf die Tatsache richtete, dass ich im Gefängnis war, ist mein inneres Kartenhaus zusammengebrochen, ich verlor mein inneres Gleichgewicht und damit auch meinen inneren Frieden. Das Gefühl, gefangen zu sein, und die Hoffnungslosigkeit kontrollierten mich in jenen Augenblicken vollends. Panikattacken waren manchmal nicht weit davon entfernt. Ich konnte mich kaum noch bewegen, konnte kaum noch atmen, ohne das Gefühl zu haben zu ersticken.

Aufgeben ist leicht. Nichts mehr zu essen, nicht mehr zu trainieren, sich emotional und mental abzukapseln, bis nur noch Taubheit und Apathie bleiben, waren die Symptome, die mich während der Phasen des Aufgebens begleiteten. Eine Mitinsassin hat aufgegeben und starb letztendlich an zu hohem Blutzucker. Aufgeben ist der einfache, aber auch der feige Ausweg. Welch ein Zeugnis würde ich damit abgeben? Was würde mein Leben über mich aussagen, wenn ich einfach aufgeben würde? Welch ein Erbe würde ich hinterlassen? Nein, aufgeben war keine Option. Meine Kämpfernatur ließ es nicht zu, dass ich aufgab.

Nach einer gewissen Zeit erwachte die Kämpferin in mir zu neuem Leben und rief mich dazu auf, einen Schlachtplan zu entwerfen, damit ich meine Reise bewältigen konnte. Also musste ich damit beginnen, wieder am Leben teilzunehmen. Ja, ich musste den Fokus verändern, wie ich mein Leben betrachtete. Neue Aufgaben zu suchen und meine ganze Aufmerksamkeit darauf zu verwenden, war mein Werkzeug, um mein Bewusstsein zu verändern. Durch meine Entscheidung, alle Gedanken ans Gefängnis, an meine Familie und Liebsten auszublenden, nur im gegenwärtigen Moment zu verweilen und mich auf die selbst erwählte Aufgabe zu konzentrieren, trainierte ich mich dazu, bewusst im gegenwärtigen Moment zu sein und keine negativen Gedanken und unbewusstes Verhalten zuzulassen. Denn die Gefahr, wieder in dieses schwarze Loch zu versinken, hing über mir wie die Klinge einer Guillotine. Meine äußeren Bedingungen hatten sich nicht verändert, doch ich hatte meinen Fokus und damit mein Bewusstsein verändert.

Es spielt keine Rolle, in welcher Lebenslage ich mich befinde. Ich kann stets Aspekte finden, für die ich dankbar bin. Indem ich mich auf die positiven Aspekte ausrichte und Dankbarkeit zeige, verbinde ich mich mit meiner Seele, die in jeder Situation mit den Augen der

Liebe auf die Begebenheit blickt. Den Himmel auf Erden erschaffe ich nicht, indem ich versuche, die perfekten Lebensbedingungen zu schaffen, sondern indem ich mich stetig darin übe, die perfekte Sichtweise und Haltung gegenüber den Erfahrungen und Begebenheiten einzunehmen, die mir das Leben schenkt. Dadurch bleibe ich bescheiden und demütig. Ich verstehe, dass das Leben viel größer und komplexer ist, als ich mir vorstellen kann. Ich muss nicht versuchen, es zu kontrollieren. Ich kann mich stattdessen vertrauensvoll dem Fluss des Lebens hingeben, im Wissen, dass Vollkommenheit jedem Augenblick innewohnt. Ich muss dafür nicht alle Faktoren kennen und alles verstehen. Ich muss auch nicht versuchen, den Sinn einer Erfahrung zu finden. Denn eine Erfahrung bedeutet immer das, was ich glaube, das sie bedeutet, und gemäß meinem Glauben wird sie mich beeinflussen.

Etwas bleibt so lange neutral, bis ich meine Aufmerksamkeit darauf lenke und beschließe, dass es etwas anderes bedeutet als einen gegebenen Augenblick, der mir einfach die Möglichkeit bietet, mich selbst zu erkennen und neu zu erschaffen. Wenn ich an Leid glaube, dann werde ich in den Begebenheiten meines Lebens auch immer einen Anlass finden, um zu leiden. Ich werde meine Erfahrungen so interpretieren, wie sie meiner Blaupause entsprechen. Wenn ich an die Kraft der Liebe glaube, dann werde ich immer Gründe und Möglichkeiten finden, zu lieben und dieser Liebe Ausdruck zu verleihen. Bewusstsein ist der Weg zu innerer Freiheit. Ich kann meinen Geist in Fesseln legen oder den Himmel auf Erden erschaffen.

Jede Dimension beinhaltet eine Bewusstseinsebene mit darin enthaltenen mentalen Programmen. Solange wir diese Bewusstseinsebenen nicht klären, werden wir nicht frei sein. Karma bedeutet, sich durch diese einzelnen Dimensionen hindurchzuarbeiten und die Programme in sich zu erlösen, bis letztendlich nichts mehr übrig bleibt als die kosmische Wahrheit. Diesen Prozess zu gehen, ist langwierig und anstrengend. Bewusstseinsebene um Bewusstseinsebene zu klären und zu integrieren, hat Einfluss auf körperlicher, emotionaler und geistiger Ebene. Es gibt Tage, an denen wir uns absolut nicht wohlfühlen werden. Wir werden alten Kleister und die darin verwobenen Geschichten klären und uns fühlen, wie wir uns damals gefühlt haben, als wir diese Erfahrung erlebten.

Wenn wir die alten Programme aus unserem System werfen und den originalen Blueprint aktivieren, werden wir jene Freiheit erlangen, die unsere Seele anstrebt. Das Gefühl, mit allem eins zu sein. Das ist es, was Freiheit wirklich bedeutet. Wenn ich niemanden mehr als meinen Feind betrachte und kämpfe, wo eigentlich kein Kampf mehr sein müsste, dann bin ich frei! Wenn ich weiß, dass alles, was mich umgibt, Spiegelungen meines eigenen Bewusstseins sind und ich deshalb nichts mehr persönlich nehmen muss, dann bin ich frei! Wenn ich nicht mehr auf das Gutheißen anderer Menschen angewiesen bin und mein Leben so lebe, wie ich es in Übereinstimmung mit meiner Seele möchte, dann bin ich frei!

Ein Wort an die Frauen

Ich möchte hier niemanden diskriminieren oder die Männer abwerten, nur weil ich ein abschließendes Wort an die Frauen richte. Doch nach zwei Jahren in einem Frauengefängnis, in dem Frauendiskriminierung, Misshandlung und Vergewaltigung nach wie vor an der Tagesordnung ist, und als Frau ist es mir ein Anliegen, diese Erkenntnisse mit dir zu teilen.

Kein Mann kann dich erniedrigen, wenn du es ihm nicht erlaubst. Es ist deine Verantwortung, deine Macht wieder anzunehmen und dein Leben selbst in die Hand zu nehmen. Warte nicht auf das Geld eines Mannes. Verdiene es selbst! Warte nicht auf das Einverständnis eines Mannes. Gib dir selbst die Erlaubnis! Warte nicht auf den richtigen Partner, bevor du dich dafür entscheidest, glücklich zu sein. Dein Glück liegt in dir! Aber vor allem, verstelle dich niemals oder tue einem Mann einen Gefallen, um dir seine Liebe zu verdienen. Du bist ein kostbares Juwel. Behandle dich auch entsprechend!

Wenn ein Mann glaubt, dich schlagen und degradieren zu müssen, um seine Unzulänglichkeit und seinen Minderwert zu kaschieren, dann gib nicht dir selbst die

Schuld dafür. Wisse, dass so, wie jemand dich behandelt, es nichts über dich aussagt, sondern nur die Person definiert, die dich missbraucht und misshandelt. Aber wenn du es zulässt, nicht deine Sachen packst und so weit wegrennst, wie du nur kannst, dann machst du sein Karma zu deinem, weil du glaubst, dass Schläge und Gewalt alles sind, was du verdient hast.

Du bist mehr wert als das! Das Leben ist kein ständiger Kampf! Das Leben hält so viele wunderschöne Geschenke und magische Momente für dich bereit. Und wenn du dich ein für alle Mal dafür entscheidest, dich nicht mehr mit weniger zufriedenzugeben als dem, was du dir von Herzen wünschst und was dir zusteht, dann werden sich alle Türen für dich öffnen!

Ich gebe nicht dem Mann die Schuld, der mich reingelegt hat. Ganz einfach aus dem Grund, weil ich meine Macht niemals an andere abgebe! Und weil ich mich in jedem Augenblick dafür entscheide, meine Erfahrungen von jedem einzelnen Blickwinkel aus zu betrachten und zu neutralisieren, sodass Bitterkeit und Schuld niemals Teil meines Repertoires werden. Es gibt keine Opfer und keine Täter! Das sind mentale Programme, die dazu konzipiert sind, dich kleinzuhalten und jemand anderem deine Macht zuzusprechen. Doch jede Erfahrung, egal wie schmerzhaft sie auch sein mag in der Zeit, in der du sie durchlebst, ist ein Segen und dieser wird dir zuteil, wenn du aufhörst, dich dagegen zu wehren.

Frauen dieser Welt, erhebt euch! Ihr seid keine Sklavinnen! Ihr seid nicht die Dienerinnen der Männer! Ihr seid keine Putzlappen, Gebärmaschinen und nur zum Herd gut. Ihr habt Talente und Fähigkeiten, die diese Welt so dringend braucht. Es ist Zeit, dass ihr in die Welt geht und euer Licht leuchten lasst!

Wenn du dich geknechtet und einem Mann mit Leib und Seele verschrieben hast, dann möchte ich dir sagen, dass kein Mann dich retten kann oder wird, weil der einzige Mensch, der dauerhaft etwas in deinem Geist verändern kann, du selbst bist. Deshalb steh auf und für dich selbst ein. Du bist wundervoll und einzigartig!

Und bitte lass dich niemals von einem Mann auf eine Reise einladen und ihn alles bezahlen. Durchsuche dein Gepäck und packe immer selbst! Ich habe viele Mädchen gesehen, die so wenig Selbstwert hatten, dass sie glaubten, verdient zu haben, was ihnen angetan wurde. Sie hätten ihr Leben gegeben, was einige auch getan haben, als sie die Strafzeit für Mord für ihren Mann verbüßt haben, nur um ihn zu retten. Der einzige Mensch, den du retten kannst, bist du selbst! Steh auf und kümmere dich um dich selbst, nähre und liebe dich, sodass du dich dieser Welt zum Geschenk machen kannst!

Schlusswort

Geliebter Wegbegleiter,

wenn du dich vielleicht gerade in einer schwierigen Situation befindest und nicht weißt, wie es weitergehen soll oder du gar aufgeben möchtest, dann wisse, dass du immer eine Wahl hast. Du kannst dich hier und heute neu entscheiden. Du kannst dich immer für oder gegen das Leben entscheiden und entweder aktiv dein Schicksal gestalten oder passiv danebenstehen und die Urteile, Programme und Gedanken anderer für dein Leben akzeptieren und zu deinen eigenen machen. Du kannst dich dann in einer gemütlichen Box einrichten und dir selbst sagen, dass es nun mal so ist und dass alle anderen es auch so machen und auch so leben.

Wenn du aber weißt, dass es noch mehr da draußen gibt und dass noch mehr in dir schlummert, was darauf wartet, von dir gelebt, ausgeschöpft und erkundet zu werden, dann mache dich auf zu neuen Ufern und gib dich nicht mit weniger zufrieden. Das Leben ist zu wundervoll, um dich in deinem eigenen Gefängnis einzusperren und dich mit dem zufriedenzugeben, was andere für dich gutheißen. Du weißt, welchen Traum und welche Vision du in deinem Herzen trägst. Schlage die Flügel auf und flieg davon! Es gibt nichts, was dich aufhält! Es gibt keine Grenzen außer denen in deinem Kopf! Du allein kannst sie einreißen und nur du selbst bist dafür verantwortlich, was mit deinem Leben geschieht.

Erinnere dich daran, dass Himmel und Hölle eine Definition deines Geistes sind. Du kannst deine Fesseln sprengen oder dich damit abfinden, langsam zu sterben und deine Seele verkümmern zu lassen. Du hast die Wahl!

Ich wünsche dir von ganzem Herzen, dass du frei wirst und bleibst mit allem, was du bist. Dass du dich selbst in die Welt hinaus trägst und dich selbst der Welt zum Geschenk machst. Erinnere dich daran, dich gibt es nur ein einziges Mal. Versuche nicht, jemand anderer zu sein. Du hast so viel zu geben! Die Welt wartet auf dich – auf das Original, das in dir ist!

In Herzensliebe Tabita

Danksagung

Mein innigster Dank gilt meiner Seele. Durch die Gnade, die mir durch die innere Führung meiner Seele zuteilwurde und bis heute wird, war ich fähig, diese Reise hin zu innerer Freiheit zu unternehmen und erfolgreich abzuschließen. Heute kann ich sagen, was ich in meinem Herzen fühle: »Nicht mein Wille geschehe, sondern deiner. Danke für diese Lektion.« Egoistische Wünsche, die nur meinem Zweck dienen, werden dadurch ausgeschlossen und ein Leben im Dienst an der Liebe für mich und meine Mitmenschen ist Zentrum meines Wirkens.

Mein unermesslicher und endloser Dank jedoch gilt meiner Familie, die mich jeden Schritt auf dem Weg unterstützt, gefördert und mit ihrer gnadenlosen Ehrlichkeit geerdet gehalten hat. Ich danke Mamuschka und Carlo, die immer für mich da sind. Meiner Mutter Belinda, meinem Bruder Josua und meinen Schwestern Lea, Priscilla, Lydia und Cecilia bin ich bis in alle Ewigkeit zu Dank verpflichtet. Sie haben mich gelehrt, was es heißt, bedingungslos zu lieben und die Lektionen des Lebens auf würdevolle Weise anzunehmen. Ihr »Näsis« seid die besten, die es gibt, und ich kann euch nicht genug danken und sagen, wie sehr ich eure Liebe und Ehrlichkeit schätze.

Ein aufrichtiger Dank und meine tiefe Liebe widme ich Eike, meinem Lebensgefährten, der mir durch seine Treue, Vergebung und sein Vertrauen gezeigt hat, dass wahre Liebe in einer Partnerschaft gelebt werden kann. Ich danke meiner Hündin Nairia für ihre Weisheit und bedingungslose Liebe und für die Lektionen, die ich ohne sie niemals verinnerlicht hätte. Ich danke meinen wahren und treuen Freundinnen Franziska, Alexandra und Corinne, die mich auch in meinen dunkelsten Momenten nicht verlassen haben und mir Loyalität und Treue bewiesen haben.

Ich bedanke mich außerdem bei meinen Klienten, die während der zweijährigen Phase meines Lebens, in der ich dieses und weitere Bücher geschrieben und mich meiner persönlichen Entwicklung gewidmet habe, ohne mich auskommen mussten. Euer Verständnis ist unbezahlbar. Ich liebe euch alle unermesslich!

Und von ganzem Herzen danke ich dem Team vom Giger Verlag für die unermüdliche und fantastische Arbeit und die Hilfe und Unterstützung, damit dieses Buch überhaupt realisiert werden konnte. Ohne euch wäre das nicht möglich gewesen.

Über die Autorin

Tabita Dietrich wurde 1989 in der Schweiz geboren und lebt heute in Dublin. Sie folgte bereits mit 19 Jahren ihrem inneren Ruf und baute aus dem Nichts ein erfolgreiches, internationales Online-Coaching-Unternehmen auf. Als Freedom Lifestyle Coach arbeitet sie mit Klienten aus ganz Europa. 2016 hat sie die LifeSkills Academy gegründet auf dem Grundgedanken, Menschen dabei zu unterstützen, ein freies und selbstbestimmtes Leben zu erschaffen. Sie weiß durch ihre eigenen schicksalhaften Jahre, dass der Geist Fesseln erzeugt und diese durch die Veränderung der Perspektive und Ausdehnung des Bewusstseins gesprengt werden können.

Facebook: Tabita D.
Facebook Gruppe: LifeSkills Academy
Twitter: @tabitad_fans
Instagram: tabitadfans
YouTube: Tabita D.

www.tabitad.com
www.lifeskills-academy.com

Ein Plädoyer für ein bewussteres Leben

In Fortsetzung seines ersten Buches *Stressfrei glücklich sein* beschreibt Bestsellerautor Alain Sutter, wie wir in allen Lebenslagen Stress reduzieren und unser körperliches Wohlbefinden steigern können.

Er berichtet anhand von Beispielen aus seiner Praxis als Coach, wie er Menschen begleitet, ein rundherum glückliches Leben zu führen, u. a. mit Messungen der Herzratenvariabilität (HRV), die zeigt, wie unser Organismus mit dem Herz kommuniziert und die Sprache des Herzens sichtbar macht.

Das Buch enthält Übungen und Anleitungen für Atemtechniken, die Lebensgefühl und Wohlbefinden steigern können.

Alain Sutter
Herzensangelegenheit
ISBN 978-3-906872-00-1

www.gigerverlag.ch